中公新書
ラクレ
363

岸見一郎

困った時の
アドラー心理学

中央公論新社

はじめに――「何とかなる」と思えるための手引きとして

カウンセリングにこられる人は一様に深刻な表情で話し始められます。中には、聞く側も涙なしには聞けないような内容の話があるのも本当ですが、自分や自分が目下直面している問題を少し距離を置いて見ることができなければ、問題解決の突破口を見つけることはできません。カウンセリングで話題になることがどれほどつらい内容のものであっても、深刻な雰囲気のままカウンセリングを終えたくはないといつも考えています。

問題についてどう考え、問題を解決するために何ができるかを知るためには真剣に考え抜かなければなりません。しかし真剣であることと深刻であることとは別のことです。眉間に皺《しわ》を寄せ、涙を流しても問題は解決しません。冷静になって渦中《かちゅう》にある問題から少し自分を引き離して問題を見直すことで初めて見えてくることが必ずあります。

カウンセリングをする時、あるいは講演や講義で質問に答える時に、私がもっぱら依拠しているのは、オーストリアの精神科医であるアルフレッド・アドラー（一八七〇～一九三七年）が創始した「個人心理学」（Individualpsychologie, individual psychology）、日本では創始者の名前をとって「アドラー心理学」と呼ばれる心理学です。アドラーは、フロイトやユングと同時代を生き、フロイトのウィーン精神分析学会の中核メンバーとして活躍していましたが、学説上の対立から後にフロイトと袂《たもと》を分かっています。

アドラーはやがて見るように、人間の悩みはすべて対人関係の悩みであると考えています。アドラー心理学は、対人関係に焦点を当てたシンプルかつ実践的な心理学ですから、他の人とコミュニケーションをとるのが苦手で、対人関係でつまずく人に、どうすれば人と人とがいがみ合わずに生きていけるかということについての明快な指針を提供することができます。

私は本書を、さまざまなケースを検討することで、どのように考えれば、深刻さから脱して、もはやどうにもならないと絶望することなく、何とかなると思えるための手引きにしたいと考えています。

最初にお願いしたいことがあります。

まず、早く答えがほしいと思って本書を手にされた人も、答えに至る道筋、解決の方針を考えてほしいのです。

ただ、こうしなさいといわれ、そのとおりにしたら解決したとしても、なぜそうすればよかったのかを理解しなければ、別の問題が起こった時に応用が利《き》かないことになります。数学や物理学を学ぶ時に、公式の意味を理解しないで、応用問題の答えだけを覚えても力がつかないのと同じです。

次に、本書ではいろいろな問題を取り上げますが、自分には関係ないと思える問題についても考えることで、自分とは違う立場や状況の中で生きている人の生き方を理解するきっかけにしてほしいということです。例えば、若い人は子どもの立場から親を見ているわけですが、親が直面している問題を知れば、親の視点からは子どもがどう見られているかがわかります。当然、親も子どもが親をどう見ているかを知ることができます。

本書はカウンセリングを再現したものではありません。ですから、相談にこられた人がどんなふうに問題解決のための理解に到達していくか、という過程を追うことはできません。カウンセリングであれば、話がわかりにくければ、説明を求めたり、さらに詳しい情報を得ることによってカウンセラーと相談にこられた人が協力して問題を解決していくのですが、質問に答えるという形ではそれができないのです。

しかし、本書の重点は、多様な問題への答えそのものではなく、答えに至る道筋、解決の方針を考え理解することにありますから、そのような制約があってもこの目的を達成できると思います。今すぐには答えが出なかったり、問題の性質上答えが出せないこともありますが、答えに至る道筋を考えることには意味があります。

どの人も何か困ったことがあって相談にこられますが、少なくとも今ここで話をしている時には悩むことはないというと、どれほど問題が切迫しているかを訴え、本当はここで話をしている場合ではないとまでいわれることがあります。

「出かける時に子どもが、お母さんがカウンセリングにいっている間に死ぬかもしれないといってたんですよ」という人がありました。話の途中で電話がかかってきました。「カウンセリングの時は携帯の電源を切りましょうよ」「そんなわけにはいきません。だってあの子は……」と抵抗されていた親が、カウンセリングの間、電源を切れるようになった頃には、親の子どもへの思いが変わってきました。それに伴って親子の関係は変化してきました。誰かを助けたいと思う人は、まず自分が冷静にならなければなりません。そうすれば、自分に何ができ、何ができないかが見えてきます。

以下、第一章ではどんなふうに問題解決の糸口を見つけていくかについてアドラー心理学の基本的な考えを説明することで明らかにし、続く章では主として対人関係についての質問を取り上げながら具体的に考えてみます。なお、取り上げた質問は講演や講義の際に出された質問をもとに構成したものです。

私が高校生の時に出会った哲学の先生は、講義がそのまま人を楽しませる会話であるといえる人でした。講義内容は古今東西の思想を扱うものでしたから、いつも簡単だったわけではありませんでしたが、今日の話はむずかしいだろうと思って私が身構えると、先生はそんな私の気持ちを見透かしたかのように、「私が説明すればわかるから大丈夫だ」といい、実際そのとおりでした。楽しい時はどうしてこんなに早く過ぎるのだろうといつも思いました。

本書も楽しく読んでもらえたらうれしいです。

目次

第三章 友人との関係で困った

困った時のアドラー心理学

編集担当／横手拓治
編集協力／文筆堂
本文ＤＴＰ／今井明子

第一章

アドラー心理学の基本

悩んでも始まらない

悩んでも問題は何も解決しません。それはたとえてみれば、明らかに約束に遅れることがわかっているのに、相手にそのことを連絡できない状況にある時に似ています。しかし、電車に乗っている時に、待っていてくれているだろうか、怒ってはいないだろうかとどれほど悩んでみても、一秒たりとも早く目的地に到着するわけではありません。それなら電車に乗っている間は、外の景色を見て心楽しく過ごしていいはずです。

なぜそうすることができないのでしょうか。遅れたけれど、こんなにも悩んだということを知ってほしいからです。遅れたのに、ニコニコしているわけにはいかないのなら、相手が待っていてくれていたとすれば、会う直前にすまなさそうな顔をすればいいので、電車の中でずっと悩んでも意味はありません。

なぜ悩むのだろう

ゲーテが、人間は努力している限り悩むものだといっています。真剣に生きる人であれば、苦しみを避けることはできないといっていいくらいです。生きている限り何かで悩んだことがこれまで一度もなかったという人はいないでしょう。悩み、苦しむことは、自分や人生について深く考え、順風満帆な人生を送り、自信満々な人には決して見ることができない人生の深奥を見るきっかけになったと思います。失恋をするなど他の人との関係でつまずいたことがある人は、他の人が自分の思うとおりにはならないことを知っています。そのような人が生きる世界は、自分が望むことは何でも努力しなくても手に入れることができると思う人が生きる世界とは違います。

ところが、この苦しみが深刻さを帯びるようになると話は違ってきます。悩み苦しむことがもはや人間として成長するための糧《かて》にはならず、身動きがとれなくなり、一歩も前に向かっていけなくなってしまいます。こんな時、アドラーならきっというでしょう。苦しいから前に進めないのではなく、前に進まないために悩むのだ、と。前に進まないでおこうという決心が先にあって、悩むのはその決心がやむをえないと思えるためであるとアドラーは考えるのです。

深刻な面持ちで相談にこられる人に「大変でしたね」といえば、カウンセリングの最初から最後まで泣かれることになるかもしれません。「私の夫は女を作って家を出て行って、その後、女手一つで子どもを育て上げて……」という話に応じると、カウンセリングの後、思いのたけ話ができ「すっきりしました」といって帰られるかもしれません。もちろん、カウンセリングは話を聞くことが基本ですから話をきちんと聞くのはいうまでもありませんが、ただ話を聞くだけでは、カウンセリングの前と後では、相談者の人生は何一つ変わりません。涙ながらにこれまでの苦労話を聞いてもらえることで満足し、おそらくはつらい人生をいささかも変えることはありません。

しかし、相談にこられる人が何とかそれまでとは違う人生を生きたいというのであれば、たった一度のカウンセリングでも、人生がそれまでとは違ったふうに見え、すぐに問題が解決するわけではなくても、何とかなりそうだと思ってほしいのです。

過去を問題にしない

そのためには、まず、過去に今の問題の原因を探し出すのをやめます。三歳までの育児が間違っていたとか、三歳までにすべてが決まるなどといわれた親が、カウンセリングからの帰り、元気になれるとは思いません。

相談にこられる人は問題がいつからどんなふうに始まったかを細かいところまできちんと話されます。以前、精神科の個人医院に勤めていたことがありました。医師の指示で生育歴を聞くことが仕事の一つでした。ある時、親のことにまでさかのぼって過去のことを話し始めた人がありました。三回目のカウンセリングでようやくその話が終わり、いよいよ自分の話が始まるのかと思ったら、「今のが母方の話で」といわれるので卒倒しそうになったことがありました。

その後、医院を離れ、自分でカウンセリングを始めた時には、過去のことはほとんど聞きませんでした。理由はシンプルで、過去に何があったにせよ過去のことを持ち出しても、今直面している問題を解決することには少しも役に立たないからです。これまで子どもにどんなにひどいことをしてきたとしても、今、そしてこれからどうするかだけを考えたいのです。

過去の話をする人は、知らずして、今の問題の責任を過去の出来事に求めています。あの時こんなことがあったから今こうなったというふうにです。しかし、はっきりしているのは今、過去に戻ってやり直すことはできないということです。

「悪いあなた、かわいそうな私」をやめる

次に、他者を責め、自分がどんなにつらい思いをしているかを語るのをやめます。カウンセラーの「大変でしたね」という言葉は、自分は正しかったのだという思いを確固たるもの

にします。責めたい悪い〈あなた〉は親かもしれませんし、子どもかもしれません。しかし、自分が正しいと思うと他の人と権力争いになります。この状態はエネルギーがいる不毛なものです。もしも対人関係のあり方を変えたいのであれば、「私は正しい」という思いは棚上げしなければなりません。正しいことを証明できたとしても、周囲に誰もいなくなったというのでは意味がありません。

また、自分が置かれた状況について悲観し、悩み悲しんでみても、一歩も前に進むことはできません。なぜ悩むのでしょう。端的にいえば、決めないためなのです。選びうる複数の選択肢があって、その中のいずれかを選ばなければ一歩も前に進めないことがあります。それにもかかわらず、決断を遅らせるために悩むのです。悩んでいる限り決めなくてもよいのです。逆にいえば、悩むのを止めればただちに決めなければなりません。

こんなふうに権力争いをするのをやめ、悩むのをやめ、今、何ができるかを考えたいのです。

今、何ができるか

しかし、権力争いと悩むことをやめて、今、何ができるかを考えるといっても、どんなふうに考えるかという方向性が明らかでなければなりません。

まず、すでに見たとおり、「今」何ができるかを考えるために、今の問題を過去に関係づけないことです。次に、今、起こっていることが誰の課題かを明らかにし、自分の課題でなければさしあたって何もしないでおきましょう。

ここでいう「課題」というのは次のような意味です。

あることの結末が最終的に誰に降りかかるか、それの最終的な責任を誰がとらなければならないかを考えれば、そのあることが誰の課題であるかがわかります。例えば、勉強をする、しないは子どもの課題です。勉強をしなければ、その結末は子どもにのみ降りかかり、勉強しないことの責任は、子ども自身が引き受けるしかありません。この意味での子どもの課題については、親は原則的に介入することはできません。

ここで注意しておきたいことが二つあります。

一つは、他の人の課題にいわば土足で踏み込むようなことをすれば、関係を悪くするということです。勉強しない子どもに「勉強しなさい」というのがその例です。勉強する、しないは子どもの課題ですから、子どもが勉強しなくても親は何もできることがないのです。親は子どもの課題については悩む必要がなくなります。

もう一つは、問題解決の糸口は自分の課題からだけ見出せるということです。二人の子どもがよく喧嘩をするという時、親が二人の子どもの喧嘩を何とかしてやめさせたいと思っても、喧嘩するのは二人の課題ですから、親が喧嘩をやめさせることはできません。また、子どもが学校へ行かないというのも子どもの課題ですから、カウンセラーと親が子どもを学校にやらせようとすることは本来的にはできないのです。

次のような仕方で問題にアプローチすれば、問題解決の糸口を見つけることができます。この二人は「私の前」で喧嘩をすることで、私に何かを訴えようとしているのではないかと考えてみるのです。子どもたちは誰もいないところで喧嘩をするのではなく、その喧嘩をするのを見る人から何らかの反応を引き出そうとしています。

これは子どもたちが喧嘩をすることには目的があるということです。行動の目的を見ることがアドラー心理学と他の心理学を峻別《しゅんべつ》する特徴です。何か問題が起こった場合、その原因を過去の出来事などに求めたりしないのです。親の対応に問題があったというのは簡単ですが、このことを親に指摘してみたところで、親の力になることはできません。学校に行かない子どもを見て親がどう感じるかというところから始めて、今の子どもとどう関わるかということだけを問題にしたいのです。

このように見ていくことで、今、直面する問題を前にして絶望的な気持ちになることはなく、何とかなる、正確には何とか〈する〉ことができるという予感を持ってほしいのです。

変われるのは自分だけ

もう一点、注意しておくと、変われるのは自分だけであるということです。他の人を変えることは基本的にはできません。相手は変えられませんが、自分は変えることができます。

人はいわば真空の中で生きているのではなく、必ず対人関係の中で生きています。私たちの言動は他者の存在を前提とし、他者へ影響を与え、何らかの反応を他者から引き出します。多くの人が関心を持つ性格ですら対人関係を離れては考えることができません。誰の前でも同じという人はいません。

家族の前での自分、学校や職場での自分というふうに、微妙に、時にはかなり違うはずなのです。誰の前でも同じでしかいられず、人に応じて関係のあり方を変えられなければ、その人の対人関係は困難なものになるでしょう。

実際には人と人との関係は変わり、人へ影響を与え人から影響を受けます。先に、自分しか変えられないと書きましたが、そうであれば、自分が変わればそれに応じて、相手も多かれ少なかれ変わらざるをえません。

後に見るように、人を変えるために自分を変えるというのは間違いだと私は考えていますが、自分の言動が変われば、相手が変わることはありえます。人を変えるために自分を変えるというのは支配的な考えですが、私さえ我慢すればいいというのでもありません。自分が変わることで、すぐにではなくても、結果としてまわりの人との関係は変わり始めるのです。

第二章

自分自身のことで困った

自分が好きになれない

質問 私は性格が暗く、引っ込み思案で人とうまくコミュニケーションがとれません。そのためか最初は親しくしてくれていた友人もやがて離れて行ってしまいます。こんな自分のことが好きになれません。

性格は自分で決めたと考えるアドラー

自分のことを手放しで好きだといえる人は少ないように思います。自分で自分の長所をいうことは恥ずかしいことであり、他の人が平気で自分の長所を語っていることに驚き、自分にはとてもそんなことはできないと思ってしまいます。

私が子どもの頃は、小学校で毎学期末にもらってくる通知表には長所と短所が書いてありました。私は短所については自分でもよくわかっていたので、そこに書かれたことが違うと思ったことはなく、そのとおりだと思ってがっかりしました。長所については、きっと先生が短所だけを書くわけにはいかなくて、しかたなく無理矢理考えて書いたのだろうと思いました。親も子どもの短所や欠点については折に触れて子どもにいい聞かせます。自分を嫌いになりなさいといわれているのも同然です。この声は初めは外からの声でしかなかったのに、やがて内なる声になり、大きくなってから自分のいいところを指摘されても、その言葉を素直には受け入れられなくなるのです。

アドラーは、性格は遺伝や環境などによって決められたのではなく、自分で決めたと考えています。性格は生まれつきのものでも変えにくいものでもないことを強調するために、「ライフスタイル」という言葉を使っています。そうはいわれても、学校や仕事を選んだ時のように自覚して選んだのではないという人もあるでしょう。それでも、自分が好きになれないので何とかしたいのであれば、性格を今、変えればいいのです。

誰も対人関係から離れて一人で生きていくことはできません。どんな対人関係にも相手があるわけですから、どんなに人を傷つけないように努めていても、関係がうまくいかなくなるということは残念ながらあります。人を怒らせることもありますし、相手からひどいことをいわれて、いやな思い、つらい思いをすることもあります。しかし、そういうことを避けていては、そもそも生きていくことはできません。

性格が暗いので引っ込み思案なのではありませんし、他の人が離れて行くのでもありません。私には、他の人とできれば関わりたくはないので、人が離れて行くことを自分の性格のためだと思っているように見えるのです。

もしも人とよい関係を築きたいというのであれば、自分を好きになる努力をしましょう。自分でも自分が好きでないのに、どうして他の人が自分を好きになってくれるだろう、と私は考えたことがありました。自分が好きになり、自信を持てれば、人の中に入っていくことができるようになります。とはいえ、ある日突然それまでとはまったく違う性格になるのはむずかしいことです。短所だからといって性格を矯正《きょうせい》して、まるい人になれたとしても、全体としてはスケールの小さな人になってしまいます。「一角《ひとかど》の人物」にもなれないわけです。

むしろ、性格を変えるというよりは、自分の性格に違う光を当ててみるのです。「暗い」という性格についていえば、自分は暗いのではなく「やさしい」のだと見ることができます。私は子どもの頃、人からひどいことをいわれていやな思いをしたことがありましたし、人を傷つけるような無神経なことをいう人にはその後の人生でもたくさん会ってきました。自分が他の人を傷つけることをいったことは一度もなかったとはもちろんいえません。しかし、ある時、いつも人の気持ちのことを考え、こんなふうにいえば相手がそれをどう受け止めるかということに心を配ってきたではないかと思い当たったのでした。

思うに、まわりはひどいことをいう人ばかりではないはずです。自分のことを皆が悪くいうという人は、そのように思うことによって対人関係を避けるのです。

まわりの人をそのように思っている人は、自分に好意を持ってくれる人がいても、そんなはずはないと思います。「口では私のことをすてきだといってるけれど、あなたも他の人と同じでしょう」というわけです。

相手にしてみれば、せっかく好意を持って接したのに、そんなふうに受け止められたらいい思いはしません。結局、相手は去ってしまいます。そうすると、この人も同じではないかと思い、かくて、他の人は自分を陥《おとし》れるかもしれない怖い人、敵であると思うことになります。

しかし、実際に他の人が敵なのではなく、自分でまわりの人をそのように見ているのであり、そのような人ばかりのこの世界を怖いところだと見なしているにすぎません。そのような世界についての見方を裏づけるような出来事が起これば、私の思っているとおりだと思うのですが、そのような出来事が起こるから他の人を敵だと思うのではなく、他の人を敵だと思いたいがために、その見方を裏づけるような出来事を探しているのです。そして、このように思うのは、対人関係を避けるためなのです。

自分のことが好きになれないということですが、どんな時に自分が好きだと思えるかというと、自分が役立たずではなく、何かの形で人に役立てていると思える時ではないでしょうか。その時、いつも必ず人が自分の貢献を認め、感謝してくれるわけではなくても、自分で他の人に役立てていると実感できれば十分です。何か目に見える形で役立てなくても、自分が役立てていると感じられれば、そんな自分のことが好きになれるのです。

ところが、まわりの人が自分を陥れるかもしれない敵だと思っている人は、他の人に役立とうとは思いません。他の人から離れ、他の人に役立とうと思わなければ、自分が他の人に役立てているとは思えませんから、いよいよ自分のことを好きにはなれなくなるのです。

どんなことも努力しなければうまくはいきません。対人関係も例外ではありません。自分が関係をよくする努力をしなければ、関係がよくなることはありません。

どうすればいいかは、これから対人関係で起こる問題の中で見ていきます。自分では努力しないで、他の人にだけ自分のために動くことを待つのではなく、他の人が変わるかどうかにかかわらず、まず自分が関係を改善するために何かできることがないかを考えて実践していくこと、そのためには努力がいりますが、その努力は関係改善のための努力なのですから、苦痛ではなく喜びなのだということがやがてわかってもらえると思います。

他の人と同じなのがいや

質問 他の人と同じであるのがいやなのです。持ち物や服もです。個性を生かしたいと思っているからでしょうか。

自由に生きるための代償とは

他の人と同じである必要はありません。私が高校生だった時、私に友人がいないことを見て心配した母が、担任の先生に相談しました。母は、先生の「彼は友人を必要としない」という言葉を聞いて安心しました。あの頃は、クラスの中にあるいくつかのグループのいずれにも属することなく、距離をとってつきあっていたのです。

ある日、電車の中で隣にすわっていた青年に話しかけられたことがありました。大人たちが社会に適応することを強いるのがいやだというのです。きっと彼がいう大人たちも若い時は、社会に適応すること、他の人と同じような生き方をすることに抵抗していたはずです。ところが、いつのまにかその時の気持ちを忘れてしまうのです。私が大学生の頃は長髪がはやっていましたが、就職試験を受ける人は髪の毛を短くしましたし、過激な考えを持っていた友人たちも保守的な考えに転向したものです。

自分が自分のために生きていないとすれば、誰が自分のために生きてくれるのだろうというユダヤ教の教えがあります。自分の個性を抑え、他の人に合わせて生きるのではなく、自分の人生を生きればいいのです。

しかし、このような生き方を選べば、他の人との摩擦を避けることはできません。自分のことが理解されず、それどころか、自分のことをよくいわない人が現れることも覚悟しておく必要があります。このようなことは自分が自由に生きているということの証《あかし》ですし、自由に生きるために支払わなければならない代償と考えていいのです。

ところで、他の人と同じであるというのがいやということの意味が、ことさらに他の人とは違っていなければならないということであれば注意がいります。ある若い人は親の意向に反して高校に進学しませんでした。中学生の時は、かなりつっぱっていて、髪の毛を染め、そりを入れ、眉毛を剃っていました。彼はある日いいました。「僕はあんなにつっぱってなかったら親と話ができなかった」。

私のことでいえば、勉強をすることによってしか人から認めてもらえないと小学生の時に思い込んでいたことがあります。他のことでは自信が持てなかったので、勉強でなら他の人よりも優位に立てると思っていたからです。

先の若い人には、つっぱらなくても、普通にしていれば話ができると思ってほしいのです。ことさらに優れていないといけないなどと思わずに、普通である勇気を持ってほしいのです。この勇気を持てない人は特別であろうとします。特別優れていなければならないと考えるか、特別に悪くならなければいけないと感じるかのどちらかです。

そんなことをしなくてもいいのだ、ことさらに他の人と違っていようと思わなくてもいいと思えた時、生きることは緊迫したものではなくなります。このことは、人に合わせ、個性をなくすということとは別のことです。

他者の評価が気になる

質問 人が自分をどう評価しているかが気になります。もちろん、高い評価を受けていることを知ればうれしいですが、さもなければ何もする気になれないほど落ち込んでしまいます。

人の評価を気にすることの問題点

人からどんな評価を受けているかは気になります。私は、本を書く時、いつもこの本はあまりに時代の先を行くことばかり書いたものなので、現代人からは認められることはないだろうと思えるくらいの自信を持ってみたいと思うのですが、他の人からの評価が気になってしかたありません。

はっきりしていることは、他の人の自分についての評価は、その人の考えにすぎないのであって、自分の価値そのものには何の関係もないということです。「あなたはいやな人ね」といわれてうれしい人はいないでしょうが、そんなふうにいわれたことで自分がいやな人になるわけではありません。他方、「あなたはいい人ね」といわれたからといって、そのようにいわれたことで、自分がいい人になるわけではありません。

人の評価を気にすることの問題は、人からのちょっとした言葉で容易に自信をなくしてしまうことです。

学生の頃、指導教授に「君は論文を書くのが得意ではないね」といわれ、それまで書くことには自信があったのに、あっけなく自信が揺らぎ、以後、論文を書くたびに教授の言葉が思い出され、その言葉にとらわれることになりました。天気のいい日に雨が降るかもしれないから傘を持って行くように妻からいわれた夫が、こんなに天気がいいのに雨なんか降るものかと思いながらも、何度も何度も空を見上げてしまうようなものです。

電車の中で前に立っている人に席を譲ろうか、譲るまいかと迷うことがあります。もしも席を譲ることを申し出て断られたらどうしようかと思っているうちに、タイミングを逸してしまいます。断られたらその時にどうするかを考えればいいので、どう思われるかばかり気にする人は、目下本当にしなければならないことをできないことになってしまいます。

プレッシャーに弱い

質問 プレッシャーに弱いのです。プレッシャーに打ち克つにはどうしたらいいですか。

なぜプレッシャーを感じるのか

プレッシャーに弱いというのは対人関係の問題です。失敗したらどうしようと、多かれ少なかれ他人の目を気にしているからこそ、プレッシャーを感じるのです。

例えば、人前で話すことになった時には緊張します。誰もいないところで練習をする分には緊張しない人でも、人前で話す時は緊張してしまい、しどろもどろになってしまいます。誰もいないところでは緊張する必要がありません。それでも、今はたしかに一人で原稿を読む練習をしているけれども、明日はたくさんの人の前で読むのだと思った途端、まだ先のことなのに、しかも今は実際には他には誰もいないのに、次の日に人前で原稿を読むことを意識して緊張してしまいます。また、試験の時に緊張して普段の力を発揮できない人もいます。

なぜこんなふうに緊張するのでしょうか。二つのことが考えられます。一つは、失敗した時のために予防線を張っておきたいということです。緊張していたのでいつもの力を発揮できなかったといえるからです。しかし、これは本当ではありません。普段の力を出さないようにするために緊張するのです。さらに、なぜ普段どおりの力を出さず、出せなかったことを緊張のせいにするかといえば、普段の力というのが、自分でもそれほどのものではないと思っているからです。力を出し惜しみしているのではなく、自分には力がないと思っているのです。しかし、現実の自分から出発するしかありません。

このようなことは、サーカスの綱渡り芸人が、失敗した時に備えて、命綱をしてさらに下に網を張っておくようなもので、事に着手する前に、失敗した時の衝撃を最小限に食い止めることばかり考えているのです。もちろん、綱渡りの時はそうすることは絶対必要ですが、試験や対人関係で失敗することは、できれば避けたいですが、失敗したからといって致命的ではありません。試験に落ちても再挑戦すればいいのであり、誰かを失言で怒らせてしまったら謝ればいいのです。謝っても関係を修復できるかどうかはわかりませんが、人とつきあう時にはこんなことも当然ありうるわけです。

失敗するくらいなら最初から挑戦しない人があることもわかると思います。何もしなければ評価を怖れる必要がないからです。「やればできるのに」といわれた人は、「やればできる」という可能性を決して現実のものにしようとはしません。

緊張することのもう一つのわけは、他者を「仲間」と見ていないということです。アドラーは他の人は必要があれば援助してくれる「仲間」だと考えました。緊張してうまく話せなくても、誰もその人のことをばかにしたり、軽蔑したりはしません。むしろ、心の中で声援を送りませんか。自分がそうなら、他の人も同じように思っていると見ていいのです。こんなふうに思えれば、プレッシャーを感じて、緊張する必要はないことがわかります。

ところで、プレッシャーに打ち克つにはどうしたらいいかということですが、プレッシャーを感じてはいけないというわけではありません。たしかに試験の時にあまりに緊張すると、日頃の実力を出せないということはありますが、多少のプレッシャーがあるからこそ、普段以上の力を発揮できるのです。受験生が自分の部屋で一人で過去の入試問題を解こうとしてもたいていの場合、むずかしく思え難儀するものです。プレッシャーもない代わりに、試験の時のように緊迫感がないので、時間内に何としても解いてやろうという気迫に欠けるからです。そのため、問題のむずかしさに圧倒されてしまいます。ところが、本番の試験では緊張はしますが、常より力が出せるというのも本当です。

私は教えている看護学生には厳しい話をします。看護師に失敗は許されないからです。学校の試験であれば六十点をとれば及第ですが、満点をとってほしいですし、試験に出なくても、講義の時に聞き逃し知らなかったために致命的な失敗をしてほしくはないのです。そのためには、常に適度のプレッシャーを持っていることは必要だと思うのです。

私は長く入院していたことがありましたが、点滴の薬瓶をセットする時、フルネームで名前を確認したのは決まってベテランの看護師さんでした。仕事に慣れるとプレッシャーは減りますが、そのことがミスを誘発するのでは困るのです。

このプレッシャーが長く続けばストレスになるかもしれませんが、人間はまったくストレスがないところでは長生きすることはむずかしいのではないかと私は考えています。過度のストレスは生きるエネルギーを奪うことになりますが、ストレスがあればこそ、生きづらくはあっても、生きる喜びもあるのです。

やる気が出ない

質問　何をするにも決心がつかず、やる気が出ず、最終的には何もせずに終わります。このままではいけない、毎日を無為に過ごしていてはいけないと思って、家に帰ったらひとつ本でも読もうと思うのですが、すぐに寝てしまいます。毎日同じことの繰り返しで、ふとこの先どうなるかと思ったらひどく不安になって落ち込んでしまいます。こんな時はどうしたらいいですか。

長期的、短期的に何をしたいか

やる気は待っていても出てくるものではありません。こんなことをしていてはいけないとわかっているのにできないと考える人は、本当はわかっていないのです。

試験の前夜、遅くまで勉強しなければならないのに眠くなって寝てしまい、気づけば朝だったという場合、眠気が勉強しなければという決心を揺るがしたのではありません。そうではなく、寝ても〈よい〉という判断をしたのです。試験を目前にしているのだから、遅くまで起きて勉強することが〈よい〉とは本当には思っていなかったのです。

そのうえ、先のことを考え不安になるという時、不安という感情までが無為に毎日を過ごすことを後押しするために使われています。

そこで、やる気を出すためには、まず、短期的、長期的に何をしたいのかということを具体的にする必要があります。例えば、資格試験を受けて転職したいというのであれば、試験の日まであと何日あり、その間にどれだけの勉強をしなければならないかがわかるはずです。そうすると一日に何時間を勉強にあてる必要があるかがわかります。

読むべき本は帰ればすぐに読めるように、閉じないで開けておきます。パソコンも終了しないで、スタンバイ、スリープ状態にしておいていつでも使えるようにしておくといいでしょう。

私のことでいえば、メールの返信が遅くなることがよくあって、なぜなのか考えたのですが、誤字、脱字も含めてきちんと書かなければならないという完全主義があり、相手がメールを読んだ時にどう思うかを気にしすぎるからなのです。「すぐ与える人は二度与える」というラテン語の諺《ことわざ》があります。メールを出した人はすぐに返事がくれば、それだけでうれしいでしょう。多少、読みづらいというようなことがあっても、仕事関係のメールでなければ大きな問題にはならないはずです。

ところで本当に「無為」に毎日過ごしてはいないかもしれません。こんなことをしていてはいけないと思いながら何もしないというのは、実は立派に動いています。もしも本当に無為に過ごしているというのであれば、こんなことをしてはいけないというふうに思うことすらなく、本当に何もしないで過ごすというのでなければなりません。

何もしないのであれば本当に何もしないで、今の時間をふいにしないことをお勧めします。それができないので、待ち合わせの時間に遅れて電車の中で走るようなことになってしまうのです。

第三章

友人との関係で困った

自分のことがいわれているのではないかと

質問 いつも行動を共にするような友だちはいませんし、別に学校の行き帰りに一人で帰ることになっても特に気にしないのに、最近、他人に自分のことをいわれているのではないかと気になって、楽しくありません。

二つの可能性について考える

自分のことを他の人がいっているというのは思い込みかもしれません。横断歩道を渡る時に、信号待ちをしている人が自分の顔をじろじろ見ていると思うと恥ずかしいという人がいました。たしかに車に乗っている人は、一瞬横断歩道を渡る人の顔を見るかもしれませんが、その人に関心があるからではなくて、たまたま車の前を横切る人だからにすぎません。信号が青に変わって発進したら最後、今し方見た人の顔を思い出すことは二度とありません。

自分のことについてよからぬことをいわれるのはうれしくはありませんが、誰からも注目されなければ、それはそれでいやではありませんか。誰も自分のことを気にかけてくれなければ無視されたと思うでしょう。自分のことをよくいわれていないということがまったくないとはいえませんが、次の二つの可能性も考えておいていいでしょう。

一つは、他の人は自分が思っているほどには、自分のことを思っていないということです。私たちは私たちが生きているこの世界に所属し、その一部ではあります。アドラーは、このことを「全体の一部」という言葉で表現しています。しかし、人は世界の一部であっても、その中心にいるわけではありません。生まれたばかりの頃は、親に守られ、泣けば夜中でも親は目を覚ましてくれましたが、いつまでもそんなふうに世界の中心にいることはできません。それが大人になるということなのです。

もう一つの可能性は、他の人がいつも必ず自分のことを悪くいっているわけではなく、自分についてよくいっているということも当然ありうるということです。

ところで、自分のことをいわれているのではないかと気になって楽しくないということですが、楽しくないと感じるために、そのように思い込んでいるかもしれないのです。そんなふうに思い込めば、そのことを人との関わりを避けることの理由にできるのです。

しかしそんなふうに自分のことをいわれているのではないかと気になるという人は、他の人との結びつきを求めているように私には思えます。他の人との結びつきを求めないのであれば、他の人からどう思われているかを気にする必要すらないからです。怖れることなく、友だちの輪の中に入っていくか、皆が何をいっているかを気にしないでいることをお勧めします。

気分の浮き沈みの激しい人とのつきあい方

質問 友人に気分の浮き沈みが激しい人がいます。いつも振り回され困っています。どう対応したらいいですか。

過剰に反応しないこと

怒る人は、怒りで人を自分の思うように動かそうとします。怒る人は怖いので、まわりにいる人は、その人のいうことがどんなに理不尽であっても従ってしまうことがあります。泣く人も悲しみの感情でまわりの人を動かします。

気分の浮き沈みが激しい人の場合、その人の気分が高揚している時は、近くにいる人も楽しくなるかもしれませんが、疲れ果ててしまうでしょう。問題は、気分が沈んだ時で、このような状態の人を見れば、まわりは放っておけないと思ってしまいます。

不安だったり落ち込んで外に出られないという人は、例えば親に、仕事を辞めて昼間一緒にいなければいけないと決心させます。夜も近くにいてほしいといわれたら、近くにいないわけにはいかなくなります。しかし、不安なので外に出られないというのは本当ではありません。外に出ないために、不安という感情を創り出すのです。

ある人が、友人から「今、ひどく気分が沈んでしまって」という電話を受けました。その声は弱々しく心配でたまらなくなりました。そこで、深夜だったにもかかわらず、車でその友人のところへ行くと、驚いたことに他にも五人もの人がその人のことを心配して駆けつけていたのでした。

なぜこの人がこんなふうになるかということについては、さしあたって考えないで、質問にあるように「どう対応」するかを考えてみましょう。

誰でも人に助けてほしいと思うことがあります。誰からの助力もなしに一人で生きていくことはできません。自分がしなければならず、自分でできることであれば、他の人に援助を求めるのは問題ですが、何でもすべて自力で解決しようと思うのも問題です。できないことをできないといえることも自立ということに含まれます。実際にはできないのにできると考えることは、まわりへ迷惑を及ぼすことになりかねません。

こんなふうに考えてみましょう。自分ができることは可能な限り自分でしよう、でも、もしも他の人から援助を求められたら援助しよう、と。ただし、次のことに注意してほしいのです。

まず、自分のことについては、できないことは自力でしようと思わないことが大切です。医院に勤めていた時、処方箋を打ち出すコンピュータが動かなくなると、私はいつもマニュアルを出してきて、何とか復旧させようとしたものですが、院長は時間の無駄だからとプログラムを開発した医師にさっさと電話をしてたずねるので驚いたものです。

年齢を重ね、排尿と排便のコントロールができなくなった時、家族などに援助を乞うことは恥ずかしいことではありません。そんな時は援助を求めてほしいのです。そして、援助を求める時には、そぶりなどで訴えたり泣いたり怒ったりするのではなく、言葉を使わなければなりません。

次に、まわりの人は、そぶりや感情に反応しないことが大切です。「何かできることがあったらいってね」というような言葉を普段からかけておけばいいのです。そぶりや感情に反応すると、言葉で頼まなくてもまわりの人は動いてくれることを学ぶことになってしまいます。

私が精神科に勤務していた時は、日曜日は休診なので、月曜日の朝には留守番電話に患者さんからのメッセージがたくさん録音されていました。中には緊急を要する内容のものがあって、こんな時はどう対応したらいいのかを院長にたずねたら、個人医院では対応できないこともある、本当に緊急であれば精神科の救急外来もあるのだから、必要なら電話をするはずだという答えが返ってきて、そんなふうに考えるものかと驚いたものです。

個人のレベルでも、助けを求められたら可能な限り援助をしたいという気持ちがあっても、できることとできないことがありますから、援助できなかったからといって、そのことで自分を責める必要はありませんし、いつでも援助してもらえると思うことが援助を受ける人を依存的にすることもあります。

しかし、まわりが自力で何もかも〈させる〉べきだと考えるのはおかしいでしょう。時には、本人が自力でできることであっても、まわりが援助してもいい場面はあります。立ち上がるのに難儀している人を見た時、さっと手を差し伸べることが自立心を損なうことになるとは思いません。援助された人も、差し出された手を握って立ち上がったからといって依存的になり、自分では何もしなくなるようになるわけではありません。

以上のことを念頭に置いて質問に戻ると、気分の浮き沈みに過剰に反応しないのがいいと思います。普通に言葉で頼めば、可能なことであればまわりが援助してくれるということを学べば、気分の浮き沈みは少なくなっていきます。

他の人が何を考えているかわからない

質問 人とのつきあいの中で、他の人が何を考えているかわからなくて、どう対応していいかわかりません。人の気持ちはどうしたら読めますか。

自分にとって当たり前のことでも……

人の気持ちは読めないよりは読めるほうがいいのでしょうが、実際にはなかなか読めないものです。自分だったらどう思うだろうかと他の人の気持ちを推測することはできますが、基準となる自分の見方が相手と同じではありませんから、他の人が何を考えているかはたいていていは当たらないのです。自分にとって当たり前のことが相手にとってもそうだという保証はどこにもありません。

このことを知ってもらうために簡単なゲームをすることがあります。短いセンテンスを一ついってもらって、そのことの意味を当ててもらうのです。

「昨日、私はガスレンジの掃除をしました」

こういった人は学生で、試験が始まる前日のことであるというのがヒントでした。

「久しぶりに掃除をしたから気持ちがよかったのですか」

「違います」

「家族にほめてほしかったからですか」

「とんでもない……」

いっこうに当たりませんでした。最後にその人に答えてもらいました。

「試験の前に私はこれだけのことをしたのだからしばらくは（試験なのだから）私に家事を押しつけないでほしい、と思った」

人の気持ちが読めると思われるのも困ります。「カウンセラーをしているのなら私の気持ちが読めるでしょう」といわれて困ったことはよくあります。見当違いなことをいおうものなら、「よくそれでカウンセリングができますね」とあきれられることもあります。ですから、今はプライベートの時間なので、人の心を読むスイッチはオフにしてありますといいます。人の心を読むなど失礼な話です。カウンセリングであれば「私の心を読んでください」という人があって、「はい、読みましょう」という人がいるので問題はありませんが、知らない間に心を読まれたい人はいないでしょう。

他の人は自分とは違う考え方、感じ方をしていることがわかっている人とは対人関係上のトラブルは起こりませんが、自分が思い感じているのと同じように相手も必ず考え、感じているはずだと信じて疑わない人との関係はやっかいなものになります。人が間違った思い込みをすることは避けられなくても、少なくとも自分は人について誤った思い込みをしないでおこうと注意しなければなりません。

人の気持ちがわかればいいのにと思うことはあります。わかっていれば不用意なことをいって怒らせたり、いやな思いをさせることはないからです。しかし、人の考えや感じ方は簡単には読めませんし、読もうとすることで対人関係を損なうこともありますから、人の気持ちを読むことを勧めることはできないのです。

「あなたは本当は私のことが嫌いなんでしょう」というようないい方をする時も、人の気持ちを読んでいるのですが、このようないい方がすでに攻撃的に聞こえてしまいます。

いちばん簡単なのは、相手の気持ちを読むのではなく、たずねることです。もちろん、相手も自分自身の気持ちがわかっていないかもしれませんが、相手の気持ちを勝手に自分だったらこうだろうと思って読もうとするよりは安全です。

人の気持ちを読むことのもう一つの問題は、同じことを他の人にも要求することです。つまり、自分が他の人の気持ちを読むように、他の人にも自分の気持ちを読んでほしい、自分が何を考え、どう感じているか、わかってほしいと思うのです。

しかし、自分が他の人の気持ちを読むのがむずかしいように、他の人が自分の気持ちを読むことも簡単なことではありません。そこで、そぶりで自分の気持ちをわかってもらおうとするのですが、気づいてもらえるかはわかりません。自分のことがわかってもらえないと不満に思ってしまうことになります。

そこで、他の人については、気持ちを読もうとしないで、言葉で語られていることだけを手がかりにし、それ以外のことを判断材料にしないようにしましょう。自分については、自分が何を思い感じているかを言葉で説明しようと決めておくのがいいでしょう。

人から笑われている気がする

質問 小さい頃から吃音《きつおん》で人からバカにされたり、笑われたりしてきたので、何事にも積極的になれません。どうしたらいいですか。

自分のことが好きですか

吃音のことで、皆に、あるいは、いつも笑われてきたということはないはずです。ところが、よくない思い出ばかりが記憶に残ってしまうと、自分を認めてくれた人もいたはずなのに、そのような人についてはあまり印象に残っていないということになってしまいます。中には、心ない言葉で傷つけた人もあったでしょうが、そのような少数派のために、まわりの人が皆、敵だと思わないでほしいのです。カウンセリングにこられる人に、自分のことを好きですかとたずねると、必ずといっていいほど「嫌い」という答えが返ってきます。自分を好きな人がカウンセリングにくることはないといっていいくらいです。

ところで、吃音なので何事にも積極的になれなかったというのは違うかもしれません。むしろ、積極的にはならないでおこうということが先にあったのです。なぜなら、同じように吃音の人が皆、何事にも積極的にはなれないわけではなく、むしろ積極的に生きている人も多いからです。

仕事、交友、恋愛をアドラーは人生の課題といっています。これらは本来避けることはできないのですが、これらの課題に直面できないと思っている人が、課題に取り組めないことを自分でも納得し、他の人にも納得してもらうための理由がいると考えて、吃音であったり、暗い性格などを理由として持ち出すのです。

ですから、人と関わるか関わらないかという決心が先にあるので、自分のことが嫌いだから積極的になれないのでも、反対に自分のことが好きだから積極的になれるというのは厳密には違うのですが、自分が好きになれれば、積極的に人と関わっていこうと決心しやすくはなります。

それでは、どんな時に自分が好きだと思えるかといえば、先にも見ましたが、自分が役立たずではなく、何らかの形で自分が役に立っていると思える時ではないでしょうか。

問題は人からひどいことをいわれたとか傷つけられたという経験のある人が、まわりの人を敵だと思ってしまうと、敵である人に役立とうとは思わないことです。しかし、まわりの人が皆、吃音の人を笑ったりバカにすると思うのは間違いです。

驚く人はあるかもしれません。しかし、すぐに何が起こっているかを理解した人は待ちます。待てないでひどい言葉を投げかける人があったとしても、皆がそんな態度をとることはありえません。ですから、むしろこれまで好意的に接してくれた人のことを思い出してください。

こんなふうにいうと、これまでどんなに大変な思いをしてきたかわかるはずはないといわれるかもしれません。このようにいう人は何をわかってほしいのでしょうか。どんなに苦しくてつらい人生を送ってきたかわかってもらえないからと他の人の無理解を責め、他の人を敵に回してみても得るものはあまりありません。

もしもまわりの人が吃音について正しく理解していないというのであれば、理解してもらう努力をすればいいのです。私は冠動脈のバイパス手術を受けたことがあって、術後、通勤時に満員電車に乗った時、すわりたいと思ったことが何度もありましたが、席を替わってくれる人はありませんでした。

ある日、ペースメーカーをつけた男性が付き添いの奥さんと共に電車に乗ってこられました。奥さんは夫に代わって「ペースメーカーをつけていますから、携帯の電源を切ってください」と大きな声でいいました。近くに乗っていた人は皆、電源を切りました。

これくらいのことをしなければわかってもらえないのだと思いました。このような努力をしないで、他の人の無理解を責めてみても事態は何も変わりません。傷つけられたといっても、他の人はただ吃音について正しく理解していなかっただけかもしれないのです。それなのに、傷ついたといい、まわりの人を責めることで、他者との距離を広げ、他者との関係に入っていこうとしないのです。

今この瞬間の人生をふいにしないために

小学校一年生の時に鹿児島から京都に転校してきた人がいました。その頃は今ほどにはテレビが普及していなかったからだと思うのですが、彼の話す言葉はほとんど理解できませんでした。笑う人はなかったと思いますし、たとえ笑う人があっても、聞いたことのない訛りに初めて接して驚いたからであって、悪意ではなかったと思うのです。同級生の反応で傷つくか、傷つかないかは、クラスの中に入っていくか、いかないとかという決心次第です。

私は、もしも吃音がなくなりさえすればすべてのことがうまくいくという、おそらくは長年のなじみとなっている考えから脱却してほしいと考えています。治ったらその時初めて本当の人生が始まるというのであれば、今この瞬間の人生をふいにしてしまうからです。

また、他の人は自分が思っているほどには吃音のことに注意しているわけではないことを知ってほしいのです。それにまったく気づかないとか、あえて目をつぶっているというわけではないとしてもです。それなのに、口を開くたびにどう思われるかを気にしていれば、その緊張は相手にも伝わることになります。そのために生じるわずかな表情の変化を自分への敵意だと見てしまうことになります。

私が提案したいのは、吃音を治す努力も含めて、自分に向けられている関心を他の人に向けることです。そうすることが、人生を変える突破口になると考えています。

それでは具体的にどうすればいいか考えてみましょう。子どもを保育所に預けるに当たって吃音を治そうとした人を知っています。これからは保育所に電話をかけることがあるのに、電話をしようと思ったら言葉が出てこなくなるので何とかしなければと思いました。そう思った時、すでに自分のことではなく、子どものことを考えることができたのです。

私の母は若い時、肋膜炎になりました。胸や背に疼痛《とうつう》を引き起こす病気です。食事もとれず、義母が作る食事を食べずにこっそりと捨てていました。その病気の最中に妊娠していることがわかりました。何度も聞かされた母の説明では、病気どころではなくなり、元気になったということでした。母が自分のことではなく、生まれてくる子どもに目を向けられるようになったことは、治療にもいい影響をもたらしたことでしょう。医師は出産を断念するように勧めたのですが母は産む決心をしました。母の決心のおかげで私はこの世に生を受けることができました。

本当は人は誰もが生きているということで他の人に役立っています。後に親子関係について見ますが、親は子どもが生きていることが喜びなのです。自分が生きているだけで他の人に役立っているというようなことは普段はなかなか思えませんが、病気や加齢によって身体を動かすことすら困難になった時に思い起こさなければなりません。本人がそんなふうに思えないのであれば、まわりにいる人が思い出す援助をしなければなりません。

この意味で何か特別なことができなくても人は誰でも他の人に役立っているのですが、なお何か他の人が喜んでくれるようなことをしようとすることは、自分にしか向いていなかった関心を他の人へと向けることを可能にします。

何をするかは人によって違いますが、例えば、人から何かを頼まれた時に、いやいやではなく気持ちよく引き受けるとか、夕食後、他の家族がテレビを前にソファでくつろいでいる時に鼻歌交じりでお皿を洗ってみるというようなことです。こんな時、どんな感じがするかは言葉で伝えることはむずかしいです。夏の暑い最中に、冬の寒さを想像するようなものだからです。

そのようにして自分が何かの形で人に役立っていると感じられる時、そんな自分を好きになることができるのです。そして自分が好きになれば他の人との関係も積極的に持てるようになります。その時には、他の人との関係を持たないでおくための理由として必要だった吃音や自分の短所だと思っていたことが、気にならなくなっているはずです。

第四章

職場の人間関係で困ったら

若い人がすぐに会社を辞める

質問 若手の社員にちょっと注意するとすぐに会社を辞めてしまいます。自分たちが若手だった時のようにしているのですが、うまくいきません。若い社員教育に困っています。どうすればいいでしょうか。

関係が近くなければ援助できない

自分たちはこんなことくらいで辞めたりはしなかったと思っている限りは、若い人への適切な対処法を見つけることはできません。入社した時には同じことを上司からいわれていたのです。親になった時、自分がいわれていやだったことを、そんなことをすっかり忘れて子どもにいっている人と同じように見えます。いや、私は親のいうことをきいた、この子らのように反抗したりしなかった、と親はいいます。そうなのでしょうか。

もしも実際にそうだったとしても、親のいうことを無批判に受け入れるよりは、親が子どもに何か理不尽なことをいえば異議を唱えられる子どもであってほしいのです。職場においても、上司がいうことであっても、内容に疑問な点があれば、それについて質《ただ》せることは重要なことだと思います。

「ちょっと注意する」ということですが、この注意の仕方に改善の余地がないかを見直すことは必要です。若い人たちは子どもの頃からほめられて叱られて育ってきていますから、中には大人になってからもほめられ叱られるとうれしく感じる人もあるかもしれません。しかし、きつく叱って泣いたところで優しい言葉をかけるというようなやり方で若い人を動かせるとは思えません。若い人は、そういうやり方をする人が自分を対等に見ていないことを知っているからです。叱られなくても言葉で説明を受ければ理解できるはずです。

冷静に叱れる人があるとは思いません。叱る時には、怒りの感情を伴っています。若い人に「注意」するのであれば、叱る必要すらありません。怒りは、ちょうど望遠鏡を反対側からのぞくように、自分に怒りを向けた人を遠くへと離します。

アドラーは、怒りは人と人とを引き離す感情であるといっています。親子関係の場合もそうですが、私たちの犯しやすい間違いは、叱ることで関係を遠くしておいてから、援助しようとすることです。実際には、関係が近くなければ援助することはできません。上司も親も若い人を育てていかなければなりません。経験や知識が十分ではない人が失敗した時は、ただ指摘すればいいので感情的になる必要はないのです。

アドラーはあらゆる関係は対等でなければならないと考えました。ところが日本の社会では職責の違いを上下関係と見る人が多いように思います。たしかに入社したばかりの若い人は、先輩や上司から見れば、知識も経験も十分ではありませんが、だからといって、若い人が人間として劣っているわけではありません。先に働き始めた人は知識も経験もあり、とらなければならない責任の量も違いますから、上司と部下は同じではありません。しかし、同じではないけれども対等なのです。

ある時、電車の前の席にすわっている二人が目に止まりました。お茶かお花の師弟に見えました。女性は師匠に過剰なほど丁寧な言葉を使って話していました。師匠がある駅で降りる時に一緒に出口のところまでいって「お気をつけて」と深々と頭を下げるのを見て、この人ははたして自分のお弟子さんたちにはどんな態度で接しているのだろうかと思ってしまいました。

「注意すること」と「叱ること」

今は、コンピュータの知識に加えて、英語の知識を要求する企業が増えてきましたから、若い人のほうが優秀かもしれません。若い人がライバルになることすらありえます。そのような人に昔ながらの叱ったり、ほめたり（おだてたり）するような、優位な立場から下に向かってなされるやり方が通用するとは思えません。上司が若手だった時であれば、叱ったりおだてたりしても誰もそのことをおかしいとは思わず、上司がいうことに従ったかもしれないのですが、そのやり方が通用しない頼もしい人が育っていると私は見ています。

ではどうすればいいのかといえば、若い人の貢献に注目するということです。若い人から教わることがあれば、そんな時に悔しい思いをする必要などありません。「教えてもらえて助かった、ありがとう」といえばいいのです。若い人に教えて自分よりも優秀になっては困るというのは論外で、部下が自分を超えていくことを喜んでほしいのです。自分が教えることで部下、親であれば子ども、教師であれば生徒や学生が自分を超えるとすれば、自分が広い意味で教師として優秀であることを証明しているのです。

こんなふうに接したら、若い人は自分がまだ入社したばかりであっても貢献できることを感じることができ、自分の仕事に尽力しようという気になります。叱りつけるようなやり方では、若い人が自分は無能であることを思い知ることになるだけですし、叱られないために自分に与えられた必要最低限の仕事しかしようとはしなくなります。若い人が自分で考えないとか、指示を待ち自分からは動かないというようなことがあれば、上司がそうさせているのかもしれないと振り返る必要があります。

独創的なことをしようとすれば失敗することがありますから、失敗して叱られるくらいなら何もしないでおこうと思います。大きな失敗はしない代わりに、あるいは、上司のいうことに従う代わりに、スケールが小さな人になってしまいます。誰でも初めは初心者なのですから、失敗することはあるでしょうが、仕事を任せる勇気を持ってほしいです。有能な人は自分でやったほうが早く完全にできるので任せられないものですが、それではいつまで経っても後進を育てることはできません。

仕事で失敗をすれば、それに対して「注意する」必要は当然あります。ところが注意するのではなく、「叱る」人がいるのです。若い人も失敗した時にはその責任をとる必要はあります。失敗したことを咎《とが》めたり叱責することは、若い人が失敗の責任をとるためには必要はありません。そもそも失敗にはどう対処すればいいのでしょうか。失敗した時には、次の三つのことをしなければなりません。

まず、可能な限りの原状復帰です。私の息子が二歳だった時に、歩きながらミルクを飲みこぼしたことがありました。これと会社での部下の失敗を同列に論じることをどうかと思う人があるかもしれませんが、基本的には同じです。息子は歩きながらミルクをコップに入れて飲めばこぼれるとは思っていなかったでしょう。私は息子にたずねました。

「どうしたらいいか知っている？」

知らないといえば教えようと思いましたが、知っているというのでどうするつもりなのかたずねたらこう答えました。

「雑巾で拭く」

ここで親が拭いてしまうと、子どもは自分が何をしても親が後始末をしてくれるということを学び、無責任を教えることになってしまいます。

次に何が必要でしょう。予想どおり、ミルクがこぼれましたが、畳が汚れたことで私は傷ついたわけではありませんから、息子に謝ってもらう必要はありませんでした。ミルクが誰か他の人の服を汚したというようなことであれば、謝罪する必要があるでしょう。

さらに、失敗を何度も繰り返すというのでは困るので、失敗の再発を防ぐための話し合いが必要です。息子にたずねました。

「これからミルクをこぼさないためにはどうしたらいいと思う？」

しばらく考えた後こういいました。

「これからはすわって飲む」

「じゃあ、これからはそうしてね」

叱る必要はまったくありませんでした。

私の友人がある時、入院していました。看護師さんが部屋にやってきて点滴を始めようとしました。彼はその看護師さんがセットしようとした薬の瓶に書いてある名前が自分のものではないことに気づきました。隣のベッドの患者さんのものでした。間違いに気づいて注意したところ、「あ、すいませんでした」と正しい薬をセットして帰りました。

これが後に大きな問題になりました。すいませんでしたですむミスではなかったのでした。このような事故は報告する義務がありますが、報告を怠ったことが、家族からの抗議で発覚したのでした。医療の現場での失敗は致命的なものになるだけに、他の失敗よりも再発防止に努めなければなりません。

さて、この看護師さんが上司からどんなふうな指導を受けたのかは気になるところですが、それはわかりません。すいませんではすまないゆゆしい事態ではありましたが、失敗の再発を防ぐことが重要なのですから、叱ることには意味がありません。

注意をするのは、失敗した行いに対してであって、失敗をした人を批判、非難すれば、この失敗の後も仕事を続けていかなければならない若い人を必要以上に慎重にさせるか、中には一度の失敗でももう二度とこの仕事をやっていくことはできないと思い詰めさせることになるかもしれません。失敗は可能な限り避けなければなりません。失敗から学んでほしいので、感情的に叱ることなく失敗の責任をとってもらうしかありません。

いつか見たテレビドラマで、取引先の役員の息子と見合いをした部下の女性が、その席上喧嘩をしてしまい、怒った見合い相手の父親が会社との取引を止めるといい出したという話を見たことがありました。平謝りする部下に上司は「こんな時にこそ上司はいるのだ」といい、部下の味方につきました。部下を守るのも上司の役目です。こんな上司なら若い人もついていくでしょう。

上司が感情的で困る

質問　上司が感情的で、その日の気分で部下を叱りつけます。機嫌がよければいいのですが、その日の気分によって態度が変わるので、腫れ物に触るかのように接しなければなりません。朝から動悸で目が覚めてしまいます。

上司でも、一緒に仕事をしている同僚でも、気分に左右され、感情的になる人にはかないません。機嫌がよかったり悪かったりして、機嫌が悪い日はきっと家で何かいやなことがあったのではないかと思うような人です。

仕事そのものにはやりがいがあっても、このような上司や同僚と同じ職場で働くことは苦痛にしか感じられなくなります。

「何が」いわれているかだけに注目する

そのような感情をコントロールできない人は精神的に未熟な人です。普通にしていれば、誰にも認められないと思っているか、仕事の無能さを隠すために感情を使って攻撃的になることで過剰に自己防衛しているのです。

感情的になって叱る人は、他の人と関わるための適切な方法を知らないのです。どんな対人関係についてもいえることですが、自分が他の人にしてほしいことがあっても、他の人が必ずそれをしてくれるわけではありません。そんな時に怒りを爆発させ、まわりの人を怖がらせる人は、そのようにして自分の思いを通そうとすることを幼い頃からの慣わしにしてきたのでしょう。

また、そうすることによって、他の人よりも上に立ちたいと思っているのです。職責の違いは人間としての上下を意味しません。上司になれば、とらなければならない責任が増すのは本当ですが、昇進したからといって、偉くなるわけではありません。

部下の立場で感情的な上司に対してできることは、上司が感情的になって理不尽な仕方で怒っても、感情には注目しないで「何が」いわれているかだけに注目するということです。これは簡単なことではありません。声の調子など、本来コミュニケーションの本質とは違うことが、対人関係では重要な意味を持つということはたしかにあるからです。親しい人同士、また近い関係にある人との会話というのは、会話の内容そのものはあまり重要ではなく、話がされる時の調子、その時に喚起《かんき》される感情が話そのものよりも重視されています。しかし、職場の対人関係は仕事の遂行だけが重要なので、話されることの中身だけに注意を向けたいのです。「何が」話されているかだけを問題にし、「誰が」話しているかは、仕事の場面では問題にしないということです。

そこで、上司との関わりは、仕事としての対人関係として割り切るしかありません。相手が上司であっても、感情を介入させることが仕事の遂行に当たって明らかに支障をきたしているのであれば、そのことについては指摘し、改善を求めてほしいです。職場で感情的になる人によって苦痛を感じる必要はありません。ひとまず自分が感じる苦痛のほうは脇に置き、仕事のことだけを問題にしたいのです。仕事についての指摘であれば、それが正当な指摘であればきちんと聞き、指摘が正当でなく事実誤認などがあれば指摘するべきです。

部下であれ同僚であれ、感情的になることが仕事の遂行の妨げになっているということを指摘されることを好まない人はありません。仕事について指摘しているのに人格が非難されたと思う上司であれば、上司の機嫌を損ね、上司に嫌われることは、多くの場合避けることができないでしょう。真っ当な上司であれば、部下からの指摘であっても、その指摘の内容が正当であれば、感情的になることなく受け入れてくれるはずです。

もちろん、部下がミスをすることはあります。そのことについて、上司は当然注意するでしょうが、それは仕事についての注意であって、人格について非難しているわけではないと考えることも必要です。ただし、そのように思って上司の注意を聞いてみても、理不尽な内容の注意であれば、それについては反論していいのです。

こんなふうにして、上司の気まぐれな感情には注目することなく、普通に接することを続ければ、他の人の前では自分をよく見せようと努力をしないといけないのに、なぜかこの人の前ではそんなことをしなくてもいいのだ、普通にしていればいいということを学ぶ上司もあります。これはあくまでも結果としての相手の変化ですから、そのことを期待するわけにはいきません。

結局のところ、上司が権威を振りかざし、感情で部下を支配しようとしても、上司を変えるわけにはいかないのです。大雨が降ってもそれと闘うことはできません。出かけるのであれば傘を差し、歩けなければ車に乗る、必要があれば外出を断念し、家の中に避難することはできます。上司が話す内容だけに注目して関わるというのは、傘を差すなどのことに相当します。

意地悪な同僚がいる

質問　配置転換で移った新しい勤務場所で、同年代の人から意地悪に細かなことを注意され、毎日、泣かされています。中には励ましてくれる人もいますし、上司も優しいのですが、このまま、我慢して働いていけるでしょうか。今の仕事が好きなので辞めたくはありません。どうしたらいいでしょうか。

親も上司も同僚も間違うことがある

職場の対人関係は、上司との対人関係だけではありません。この質問のように同僚との関係もあります。どんな職場でも、全員と良好な関係を築けないということはないでしょう。関係をうまく築けない同僚の一人や二人にだけ意識を向けることで、せっかくの他の人との良好な関係をふいにするのは残念なことです。非がこちらになければなおさら、励ましてくれる人、優しい上司との関係をふいにすることはありません。

何か解決する必要がある課題を前にした時に、その課題を解決することだけを問題にし、その際に生じる対人関係上の摩擦などを問題にしない人と、反対に、課題そのものは問題ではなく、課題をめぐる対人関係こそが関心事である人があるように見えます。

後のような人は、課題解決の手続きにこだわります。自分が知らない間に事が進んでいて、事後承諾になることを愉快とは思わないのです。

見方を変えれば、きちんと手続きを踏みさえすれば、課題そのものにはあまり関心がありません。親子関係の話でいえば、例えば、子どもが結婚すると親にいっても、子どもが誰と結婚するかということにはあまり関心がありません。そのような人にとって大切なことは、自分が了解した上で事が進んでいるということです。何事も自分が主導権を握っていなければ気が済まないのです。

職場でも親子関係でも関わるのが困難に思える人は、このような手続きにこだわる人であることが多いのですが、そのような人への対処法としては、例えば、つきあっている人がいてその人と結婚したいと親にいう場合であれば、他の人にはまだこの話はいっていない、お父さんが反対すればこの話はなかったことにするというふうに話を切り出せば、機嫌よく認めてもらえるかもしれません。しかし、私は、誰と結婚するかは自分で決めることなのですから、こんなふうにして親の了解をまず取りつけてから、結婚の話を進めるのもどうかとは思います。

私は「誰が」話しているかではなく、「何が」話されているかだけを問題にすることを勧めたいです。親も上司も同僚も間違うことがあります。その時、誰が間違ったのであれ、指摘する必要がありますが、その間違った人が感情的になる上司であれば、反論したらどう思われるかというようなことを気にしていると、判断を誤ることになります。不興を買おうが、正しいと思うことをきちんと主張することは勇気がいります。しかし、上司の機嫌を損ねることを怖れたり、大勢に抗することを怖れ、それは違うといえなければ、結局、困るのは自分であり、自分が所属する共同体であり、この世界であるということを知ってほしいのです。好きな仕事をふいにすることはありません。

仕事を辞める決断ができない

質問 今の仕事を辞めようと思っているのですが、なかなか決断できません。職場での人間関係に問題を感じているからではありません。上司には理解があり、まれに同僚とぶつかることがないわけではありませんが、仕事にも今では慣れてきました。でも、このままこれからもずっと今の仕事を続けていくと思うと、これでいいのかと思ってしまいます。

自分の人生は自分が生きていい

道半ばでの進路変更をすることはできます。若い時に、あまりまわりのことがわかっていないうちに進路を決めてしまった人が、後にこれは自分が望んでいたことではなかったと思うようになることがあります。

私は長く看護学生に教えてきましたが、中学校を卒業して五年制の看護科に入ってくる学生には、特有の悩みがあるように思います。十五歳という年齢は、将来看護師になるという明確な意思決定ができるかというと、必ずしもそうとはいえない年齢です。もちろん、親も同じ仕事に就いていていてどんな仕事かよくわかっていたり、幼い頃、自分や家族が病気になった時に、看護師という仕事に関心を持った学生であれば、この年齢でもはっきりと将来の展望を持っていることはありえます。

ところが、まわりが、一度決めたことなのだからとか、もう少し努力すれば後でこの道を選んでよかったと思える日がくるというようなことをいうので、進路に迷いがあってもそんなものなのかと思ってしまうのですが、後にこれは自分がしたいことではないと思っても、その時には方向転換することはそれほど簡単なことではなくなってしまっています。時間もお金も費やしてしまっているので、違うことを新たに始めるにはあまりに多くのリスクを冒す覚悟をしなければなりません。

それでも、自分の人生なのだから、自分が望まない人生を送ることに意味があるとは思えません。誰も、他の人の期待を満たすために生きているわけではありません。自分で責任を引き受ける限り、自分の人生は自分が生きていいのです。他の誰が自分の人生を生きてくれるというのでしょう。

なかなか決断できないということですが、悩んでいる限り、決めなくていいから悩むのです。逆にいえば、悩むのを止めた時には決めなければなりません。その決断を先延ばしにしようと思う人は、いつまでも悩み続けることになります。

今の仕事を辞めるかどうか、辞めるとすれば次はどんな仕事に就くかということについて、私はこんなふうに考えています。どんな仕事であれ、それによって他の人の役に立てるかどうかということを仕事を選ぶ際のもっとも重要な条件にしたいということです。

中学生の時にある先生が、給料が高いが好きではない仕事か、それとも給料が高くないが好きな仕事かどちらかを選べといわれたら、迷うことなく後者を選びなさいという話をしたことがありました。中学生の私が自分が将来就く仕事について具体的なイメージを抱けたわけではありませんが、この言葉は長く私の中に残りました。

いくら好きでも給料が少なければ生活できないではないかとも考えましたが、たしかにたとえどれほど給料が高くても、仕事が好きになれなくては毎日つらいだろうということは容易に想像できました。

その後、私は一度も給料が高い生活というものを経験することなく生きてきましたが、仕事が好きであるということの意味はわかってきたように思います。ちょうど自分自身について、自分のことが好きだと思えるためには、自分が役立たずではなく、何らかの形で役立っているると思えるのと同じで、自分の仕事が単に自己満足ではなく、それによってたとえ十分な収入が得られなくても、誰かに役立てれば、その仕事が好きになれるのです。たとえ収入が増えても、自分が従事する仕事が他の人の不幸を土台にするようなものであれば、良心のある人にとってはつらいものになるでしょう。

今、辞めようかと思っている仕事について、その仕事では他の人に役立っているという感覚を持てないかどうかまず考えてみてください。人に役立っていると思えないのであれば、他の仕事についてこの観点から検討してみましょう。

人に役立つ仕事といっても自分を犠牲にして仕事をすることを勧めているわけではありません。ただ、好きでたまらないと思える仕事というのは、自己満足で終わらず、どこかで社会とのつながりがあると私は考えています。

友人の医師からこんな話を聞いたことがあります。彼は若い頃、何週間も家に帰れないような激務を続けたことがあって、これほど大変な生活を切り抜けたのだから、何でもできるという自信がついたが、今の若い医師は楽な仕事に就きたがるというのです。医師の仕事は患者の命を救うことですから、そのためには自分のことばかり考えていてはとてもできない仕事です。

実際、この話をした医師は二十四時間体制で、必要があれば休みの日でも深夜でもすぐに患者の家に往診に行くのです。そんな日々を語る時でも悲壮感はなく、むしろ楽しそうにすら見えるのです。もちろん、大変ではないとは思いませんし、どんな仕事もはたからは知りようもない苦労はあるはずなのですが。

第五章

恋愛関係で困った

好きな人に別の好きな人が

質問 好きな人ができたのですが、その人には他に好きな人がいることがわかりました。その人と彼女はもう長いつきあいなので、私なんか入る余地もありません。でも、好きです。どうしたらいいでしょうか。諦めたほうがいいでしょうか。

この世で強制できない二つのこと

三角形をイメージしてください。あなたが関わることができるのは、あなたと彼の関係、もしも彼の彼女を知っていれば、あなたと彼女との関係だけであって、彼と彼女との関係はどうすることもできないのです。あなたとの接点がないからです。

実際には、彼女のことを直接は知らないことが多いでしょうし、彼女に会って、私は彼が好きです、彼と別れてくださいということは実際問題としてはできませんから、あなたができることは、彼と彼女との関係には関わりなく、あなたが彼との関係をどうしたいのか、そのあなたの願いを実現するためにはどうすればいいのかを考えることしかありません。

二人がつきあっていて、他の異性には会ったりすることはもちろん、話もしてはいけないという取り決めをしていることになっているのであれば、かなわないことですが、「入る余地」が少しでもあって、彼が彼女といる時よりもあなたの前でのほうが気を許せたり、楽にしていられると感じることができれば、あなたの好きな人はあなたを選んでくれるかもしれません。これが出発点です。

この世で強制できないことが二つあります。

一つは尊敬、一つは愛です。私を尊敬しなさいとか、私を愛しなさいと相手に強いることはできません。こんなことは当たり前のように見えますが、何とか相手の気持ちを自分のほうに向けようとして、攻撃的になったり、ストーカーとまではいかなくても、相手につきまとうというようなことをして、結局は、相手に嫌われたり、怖れをなして相手が離れていくということはあります。

今の質問は恋が始まる前の話ですが、すでに今つきあっている人が、別の人に心を移してしまい、どうしていいかわからないという相談はよく受けます。

この場合でも、先の場合と同じで、何とかできるのは自分と彼や彼女との関係だけであって、好きな人とその好きな人が新しく好きになった人との関係についてはどうすることもできないのです。できることは、相手が他の人に関心を移しても、その人のことが好きなら、その人との関係をよくすることに努めるしかなく、どちらとの関係を選ぶかは彼や彼女が決めることです。

講義の時に話すと学生から「無理」と一蹴されてしまうのですが、自分が好きな人が好きな人と一緒にいて幸せであれば、そのことを喜べるのが愛なのです。

彼に好きな人がいなかったらよかったのにとか、もっと早く会っていればよかったのにと思う人は陥穽《かんせい》にはまらないように気をつけなければなりません。

そのように考える人は、恋愛は相手さえいれば完成すると思っています。

あるいは、愛の関係を築くことに自信がない人は、それがもっぱら自分の愛し方の問題であることを認めたくはないので、意識してのことでなくても、恋愛の成就が困難な人を好きになることがあります。

好きだという気持ちに疑義を差し挟むつもりはありませんが、彼に好きな人がいなければいいのにと思えるために、つまり、恋愛の成就を阻むのは、彼の側の事情にあって、自分にはないと思えるために、むずかしい相手を好きになるように見える人はあります。

彼が嫉妬深く束縛する

質問　彼が嫉妬深く、なにかにつけ私を束縛しようとします。頻繁にメールがきて、今何をしているかたずねます。私の母は介護が必要なのですが、夕食後、母を寝させるまでにすることがたくさんあるのです。それなのに、電話がかかってきます。後から電話をするからといっても、「僕たち、つきあってるんだろう」というのです。

「信頼」と「信用」はどう違うのか

後に親が子どもを束縛するケースについて見ますが、若い人同士でも同じことが起こります。他の人と話をするだけでも嫉妬する人がいます。嫉妬と愛とは何も関係ありません。嫉妬されないと自分に関心を持ってもらっていないと思う人がありますが、そんな人でも、常に監視されたり、監視されないまでも、今どこにいるか、今何をしているかと頻繁にたずねられ、携帯電話のチェックまでされたら、さすがにうんざりするのではないでしょうか。

できることなら、いつも目の前にいてほしい、そうすれば、他の人に関心を移すことはないだろう。こんなふうに考える人は自信がない人です。今はこの人は自分に関心があって、私のことを好きだといってくれているけれど、いつなんどきライバルが現れるかもしれないと思っているのです。

恋愛は一〇〇パーセントから始めたいという人がいました。初めから相思相愛でいたいという意味です。相手が自分のことをどう思っているかわからないというのはいやだ、この人は私のことを好きであることがはっきりとわかっていれば、恋愛を始めたいというようなことでした。この人に限らず、好きになって追いかける恋は必ずといっていいほどうまくいかない、それが怖くて、メールも自分からできないという人もあります。

しかし、一〇〇パーセントから恋愛を始めることは、せっかくの恋愛の楽しみを最初から放棄しているといってもいいくらいです。もちろん、相手が自分の気持ちに応えてくれないということはよくありますが、この段階を経なければ恋愛の楽しみや喜びの大半をふいにしているといっていいくらいです。

思うに、一〇〇パーセントから恋愛を始めたいという人は、二つの思い違いをしています。

一つは、恋愛は静止した状態ではなく常に変化するものなので、一度互いの気持ちを知ったからといって、その状態がいつまでも続くわけではないということです。いつまでも同じ気持ちが持続するのではないからこそ、相手が他の人に関心を移してしまったのではないかと思うとたちまち嫉妬してしまうのです。

ある日、この人はこんなことをいって私を驚かせました。

「今、つきあっている彼とのことを占ってもらったら、結婚できないといわれ、ショックで食事も喉を通りません。彼とはいい関係だと思います。でも、結婚できないのならどんなに頑張っても意味がないではありませんか」

私にはなぜ占いに行ったのか理解できないのです。関係がよくないので、この先、どうなるか気になるので占いに行ったというのならわからないわけではありません。私ならうまくいっているのに、もしもよくないことをいわれたら、きっとショックを受けるでしょうから行かないでしょう。なぜ占いに行ったのでしょう。考えられることは、たしかに今は彼との関係はうまくいっているけれども、これから関係が悪くなった時の予防線を張るためという ことです。「どんなに頑張っても意味がない」というのは、頑張らないという決意表明ともとれます。

もちろん、頑張るということの意味が二人の関係をよくするために努力をするという意味であれば、そういう努力をしなければ関係はよくならないというのは本当です。

こんなふうに占いの結果に落胆している人には私ならこういいます。「占いで結婚できないといわれてよかったね」と。

どこがよかったのかといわれるでしょうが、彼と結婚できますといわれたら、関係をよくしようとする努力はしないからです。占いの結果に関係なく彼との関係を続け結婚を望むのなら、結婚できないといわれたからこそ、そうならないように関係をよくする努力をするでしょう。そうすれば、彼と結婚できるでしょう。

この人のもう一つの思い違いは、この人は愛されることが重要だと思っているように見えるということです。愛するより愛されることのほうが重要だと考えるわけです。しかし、私を愛しなさいと強制するわけにはいきません。私を愛してくれませんかとお願いすることはできますが、愛するか、愛さないかの決定権は相手が持っているのです。

もちろん、愛されたいと思うことが間違っているとまではいいませんが、愛されるために、かえって相手の気持ちが離れてしまうようなことをしてしまうことがあります。愛されたいのなら、相手から愛される努力をする必要があります。

どんな時、自分は愛されていると思えるかということを考えてみれば、どうすれば愛されるかがわかります。なんとしても相手を自分のもとに引きとめておきたいと考える人には思いもよらないことでしょうが、自由にさせてもらっていると思える時にもっとも愛されているると思えるのです。反対に、自由にさせてもらえていない、常に監視されていると思う時は愛されているとは思えません。信頼されていないと思うからです。

対人関係における信頼というのは、信じる根拠がある時にだけ信じるのとは違って、無条件で信じる、あるいは、信じる根拠がない時にこそ信じるということです。アドラー心理学では無条件に信じることを「信頼」といい、信じる根拠がある時にだけ信じるという意味の「信用」と区別しています。あなたのことを信じてなかったという人は、初めから信じてはいなかったのです。どんな時にもいささかも疑うことなく信じる人がいれば、その人のことを裏切ることはできません。

ですから、愛されたいと思うのであれば、愛されたいと思って、どんな形であれ愛を強制することは、かえって相手を自分から遠ざけることになります。

その意味で嫉妬するなどとんでもない話です。なぜなら、嫉妬する人は何とかして相手の関心を自分にだけ向けさせ、少しでも他の人に関心があるそぶりをするだけでもそのことに怒るからです。

また、相手が自分ではない他の人へ関心を移すのではないかと思う人は、今ここで一緒にいるのに、その大切な時をふいにしています。二人の間に別の人がいるかのようです。ちょうど、ある日突然、下に弟、妹が生まれた第一子の子どもに起きることに似ています。第一子は最初は親の愛情、関心、注目をすべて自分に向けることができていたのに、親が弟、妹に手をとられ、かまってもらえなくなります。

こんなことがあったからというわけではありませんが、親から愛されることを当然と思っていたので、家族の中心的な存在ではいられないことを受け入れることができなかった子どもが、大人になってからも同じようなことが起こるのではないかと怖れることがあります。今は愛されているけれどいつまでもこんなことが続くはずはない、私が愛する人は必ず別の人を愛するようになると思ってしまうのです。

そうなると、実際にはライバルがいないのに、そんなライバルをいつも二人の間において、現実には存在しないライバルに敵愾心《てきがいしん》を燃え上がらせて嫉妬するという妙なことになってしまいます。

今この人と一緒にいられるのであれば、そんなライバルのことを考えずに関係をよくする努力をすればいいのです。今、ここにいない人のことを二人でいる時に話題に出されたり、その人のほうを私よりも好きなのでしょうと責められた人は、愛されているという気がしないでしょう。

彼がメールの返事をくれない

質問　私は一日に何通もメールを出しているのに、彼からは返事がきません。なぜ返事をしてくれないのかとたずねたら「メールを出せないほど忙しい」といわれました。どうしたらいいのでしょう。

権力争いに入らないために

もちろん、メールを出せないほど忙しい人はありません。どんなに忙しくしていても、トイレに行く暇もない人はいません。連絡できないのではなく、連絡したくないというのが本当かもしれません。もっとも、「連絡したくないのでしょう」というようなことをいって彼を責めれば、かえって彼は離れていくことになります。

彼がそんな見え透いた口実を使ってでも会いたくないと思うようなことをしていないか、

自分を振り返ってみましょう。あまりにたくさんのメールを送ってないでしょうか。最近、彼からメールがあまりこなくなったという人にたずねてみたら、前は毎日五十通きたのに、最近は二十通しかこないという答えが返ってきて驚いたことがあります。彼にすれば、これだけメールを出しても満足してもらえないのであれば、穴の開いた器に水を注いでいるような気持ちになるのではないでしょうか。一日一通でもメールがきたらうれしいと思ってほしいのです。返事があれば無事であることを確認できますし、知らせがないのはよい知らせだと考えることもできます。

よくあるのは、学生と社会人がつきあっているという場合です。仕事をしている人はなかなか思うように連絡をすることができません。

ところが、学生の頃からつきあっているので、前のようにメールがこなくなると、たちまち自分に関心がなくなったのではないかとか、職場で他の人に気持ちが向いたのではないかと妄想をたくましくしてしまいます。

そこでメールが返ってこなくても多くのメールを出すのですが、返事がこないと、今度は電話をかけてみようと思います。あとは、先の質問のケースと同じようなことが起こりえます。

どんなに忙しくてもメール一通出せないはずはないのだと、相手の事情を顧みず、相手を責める時、権力争いに入ってしまいます。たしかにあなたのいうとおりだと認められても、その頃には相手の気持ちは離れて行ってしまうことになります。

彼との関係を長続きさせたい

質問　最近つきあい始めた彼がいるのですが、どうしたら彼との関係を長続きさせることができますか。

今ここに集中するために

つきあい始めた最初の頃はどんな話をしても、また話さなくても、ただ一緒にいられることが喜びだったはずです。その時の気持ちを取り戻すことができれば、いつまでも一緒にいることができます。

本当は何を話してもいいのですが、避けるのが望ましい話題がないわけではありません。

前につきあっていた人の話は特にする必要がないのであれば、話題にすることはありません。前につきあっていた人の話をしたがる人がいますが、聞きたくなければその話はやめてほしいといえばいいのです。

それよりも、今の二人の話をしましょう。せっかく、「今ここ」にいられるのに、今ここにいないことはもったいないと思います。関係を長続きさせることすら考えなくていいくらいです。関係が長く続くことは目標ではなく結果です。これまであったいろいろなことや、これから先のことを考える必要もないくらい、今ここで二人が生きることができれば、きっとこれからも関係は続いていくでしょう。

つきあい始めたばかりの二人であれば、まだ知り合ってそれほど月日が経っていないかもしれませんが、過去のことをこと細かに覚えていて、あの時あなたはこういったということを今持ち出すことは、二人の関係をよくしたいのであれば得策ではありません。

いつまでも過去に執着する人にはにわかには信じがたいことかもしれませんが、過ぎ去ったあれこれの出来事について忘れることができれば、あるいは、忘れることができる時にだけ、今ここに集中できます。

今日この人と私は初めて会うのだと思えるくらいに集中したいのです。前の日にいやなことをいわれたかもしれないけど、でも、今日同じことを今目の前にいるこの人がいう、あるいは、するとは限らないわけです。そう思って、その人と初めて会う人のようにその日を始めるのです。

このように思うことができれば、二人がいる時間は生きたものになります。今日は昨日の繰り返しではなく、明日は今日の延長ではありません。今日初めてこの人との関係が始まると思ってつきあい始めるといろいろな発見があります。

毎日初めて会うように思うなど大げさなことと考える人もあるかもしれませんが、関係をよくするためにそう思うのです。自分では何もしないのに関係がよくなるということはありません。たとえ、相手が何もしなくても、自分は関係をよくする努力をすることはできます。たしかに、努力が必要ですが、その努力は喜びとしての努力なのです。

今ここに生きることができれば、指の間からどんどん共に過ごしたことが消え去っていくわけではありません。

むしろ、その日の最初から別れる時までの二人の会話をもしもその気になれば後からすべて思い出せるくらい一刻一刻を集中して過ごせているはずです。こんなふうにその日のことが思い出せるのは、共に過ごせた時間が喜びを伴ったものだからです。

病気で入院した時、妻が毎日きてくれました。仕事を終えてからでしたから、いつも遅い時間になりました。歩けるようになると、エレベータまで送りました。「たまにはこんなのもいいね」と妻。病気になるのはもちろんごめんですが、実際に何かがなくても一緒にいられる人でも、一緒にいられることを当たり前のことと思わないことは、関係をよくするためには必要だと思います。

彼にわがままをいってしまう

質問 彼とつきあい始めて一年になりますが、最近は、よくわがままなことをいってしまいます。彼へのわがままは直したほうがいいですか。

怒りは人と人を引き離す感情

もちろん、直したほうがいいです。最初の頃は、わがままもかわいく見えたり、わがままに応えることを喜びに感じる人もあるかもしれませんが、そのことを当然と思っていれば、やがてあいそをつかされるようになるのは時間の問題です。

喧嘩をするカップルもあって、一方が、時には双方が相手に手まで出したりするということがあります。こんな二人は仲直りする術も心得ており、だからこそ、喧嘩を頻繁にしていても、その喧嘩が二人の関係を修復不可能なものにはしないのでしょう。しかし、喧嘩をしている時に使われる怒りという感情は、人と人とを引き離す感情ですから、怒りを愛用するカップルは、そのことで関係が終わることになるという可能性があることは知っておく必要があります。

いつか電車の中で高校生のカップルがこんな話をしていました。

「お前はつきあった最初の頃はおとなしかったよなあ。なのに今や俺は完全に尻に敷かれている」

「私がわがままだからよ。でも自分がわがままだということがわかっているからいいの」

いいか、悪いかは彼が決めることでしょう。自分がわがままだということがわかっているのはいいのですが、わがままであることが二人の関係をどうするかまではわかっていないように思いました。

つきあい始めた最初の頃のような猫をかぶった状態もどうかと思いますが、親しくなると最初は言葉遣いにも態度にも気をつけていたのに、いつもの自分になってしまい、無理なことをいったり、すねたり、怒ったりします。いつまでもそんなわがままを相手が許してくれるという保証は残念ながらありません。

遠距離恋愛で会うのが間遠に

質問 目下、遠距離恋愛をしていますが、互いに仕事が忙しいこともあって、最初の頃と違って、会うのも間遠になってきました。会えば、いつか一緒に住みたいという話にはなるのですが。

次に会う約束を忘れる心理

遠距離恋愛はむずかしいといわれます。普通のカップルのように、会いたい時にいつでも会えないからというわけですが、二人の関係がうまくいかなくなったとすれば、本当は二人が離れて暮らしていることがその原因ではありません。二人は「遠距離」を関係がうまくいかない時の理由にしているだけです。

遠距離だから二人がうまくいかないといえることは、ある意味では、二人にとってありがたいことです。なぜなら、もしもその後二人を取り巻く状況が変わって、二人がもはや離れて暮らす理由がなくなれば、関係がうまくいかなくなった時、遠距離をそのことの理由にすることができなくなるからです。

遠距離であろうとなかろうと、会える時はその時を楽しみ、次のことを考えないということが大切です。別れる時間が近づくとそわそわし、それまではしゃいでいたのに暗く沈んでしまう人があります。せっかくの時間をそんな態度でふいにするのはもったいないと思います。別れてから、次に会う約束をしていなかったことに気づくくらいがいいのです。満ち足りた時間を過ごし、完全燃焼できたからこそ次に会う約束を忘れるのです。そんなふうに過ごせた二人には「次」を求める必要がないので、結果として「次」はあります。次を考えないでいいほど、会っている時にいい関係でいられたからです。

ところが、不完全燃焼で終わった二人は、その日の不充足感を取り戻そうと思い、約束をしないで別れてしまったらもう二度と会えないとまで思い込んで、次に会う約束を取りつけようと思うのですが、このような二人には次はないかもしれません。

恋愛に限りませんが、二人の関係を考える時に、私たちはこれからどこへ行こうとするのかについて意見が一致していることが必要です。学生の間に知り合ってつきあっているカップルは、卒業するまでは何の問題がなくても、一人が今いる場所に残って仕事をするといい、もう一人が故郷に戻るといいだした時、これからどうするかを決めなければなりません。

遠距離恋愛は一つの解決法ではありますが、一緒に住むことまで考えに入れるのなら、二人が離れたままでいる状態をいつまでも続けていくことは実際問題としてはむずかしいでしょう。二人がこれからどうするかという目標が一致しているということが、二人の関係がよいといえるための一つの条件になります。

どんなに愛し合っている二人でも、人生を共にすること、一緒に住むことを考えるのであれば、これからどうするかという目標が一致していないと関係を続けることはむずかしくなります。しかし、乗り越えるべきこの困難は二人の絆を強めこそすれ、弱めることはありません。

彼に素直になれない

質問 彼に素直になれません。それでよく喧嘩をしてしまいます。どうしたら素直に優しくなれますか。

ぎこちない言葉のやりとりも悪くない

優しくなれないというよりは、優しくならないでおこうと決心しているように見えます。優しくなれない理由ならいくらでも探し出せます。過去の失恋でも自分の性格でもいいのです。

しかし、それは本当の理由ではありません。優しくしないでおこうと決めているのです。優しくすれば負けることになると思っているからなのです。

彼のほうに非があって彼がそれについて一言も謝らないのに、彼を許せば自分が負けになる、彼は優しくしてくれないのにどうして自分だけ優しくしないといけないのかというようなことですが、負けてもいいではありませんか。

「ありがとう」といいたいのに、素直になれず、喧嘩まで売ってしまいます。喧嘩の理由は何でもいいのです。実際、喧嘩をし始めると、売り言葉に買い言葉になってしまい、最初は何かきっかけがあったかもしれないのに、それすらわからなくなってしまいます。

こんな二人は他の仕方では、自分たちがつながっているという感覚を持てないと思っているように見えます。

息子が五歳だったある日、私が何かのことで妻に大きな声を出したことがありました。その時、近くにいた息子がいいました。

「そんなに怒ったら、お母さんはお父さんのことを好きになってくれると思ってるんか。好きでなかったらどうするっていうの」

喧嘩がそこで終わったのはいうまでもありません。

せっかく一緒にいるのですから、天気がよければ、外に散歩に出かけましょう。つきあっていた頃は、二人でどうやって遊ぼうかということばかり考えていなかったですか。つきあう前は、どうしたら好きなあの人に振り向いてもらえるかということばかり考えていたはずです。

その時のことを思えば、今は夢のようです。そのことを言葉にしてみるのです。ぎこちない言葉のやりとりになりそうですが、それでもいいではありませんか。

第六章

夫婦、パートナーとの関係で困った

一緒になったのに罪の意識が

質問　私には長くつきあっていた恋人がいました。いずれ結婚しようという約束もしていたのですが、別の女性のことが好きになってしまいました。彼女は既婚者です。私も彼女もそれぞれのパートナーには格別の問題があったわけではありませんが、どうしても一緒になりたくて、私は恋人と別れ、彼女は夫と離婚しました。私は恋人から「人を不幸にしておいて、幸福になれると思うの」と責められました。彼女の夫はしかたがないと予想とは違って簡単に納得してくれましたが、彼女は夫の親からは、彼女のとった行動を今も責められ続けています。まわりの人を傷つけ一緒になった二人は、これから先、何のためらいもなく幸福に生きていってもいいのでしょうか。それとも罪の意識を持ち続けるべきでしょうか。

予防線を張るための感情なのか

二人がそれぞれのパートナーと別れることができていないのであれば、面倒なことになっていたでしょうが、一緒になれたわけですから何も問題がないといっていいと思います。そう納得しようとしていると思うのですが、それなのになぜ罪の意識があるかを考えてみなければなりません。

彼女の両親が納得できないのはしかたがありません。親といえども子どもの結婚に介入できないように、子どもの離婚に介入することはできません。親が反対しているからといって、親に従う必要はありません。親に理解してもらえるとは思えませんし、親から責められることは、二人が一緒になるという決断をした以上、避けることはできません。

前の恋人が、別れを切り出した時に非難したことも当然でしょう。別れ話が切り出された時に、別れを予感させるようなことがなかったとしたら、彼女には別れ話は青天の霹靂《へきれき》であったでしょうし、彼女の態度は理解できます。二人とも前のパートナーから祝福されるというようなことはありえません。しかし、だからといって、二人が罪の意識を今後も持ち続けなければならないかといえば、そうはいえません。

なぜ罪悪感を持ち続けるのでしょう。あなたは「持ち続ける〈べき〉か」とたずねています。ここにこの問いの意味を理解するための鍵があります。そうすることが二人には必要なのです。二人が世間の「常識」を一応考慮に入れており、非常識ではないことを自分でも納得し、他の人にもそう見てもらいたいからです。「ためらう」ことが必要だと思っているように見えます。そうしなければ、悪い人に見えるからです。

罪の意識はこのように対世間的な意味もありますが、私には、それだけではなく、二人が今後関係がうまく行かなくなった時の予防線を張るための感情のようにも思います。二人の関係は二人が努力して築くものですが、もしもうまくいかなくなった時に、その理由にできるからです。私は罪の意識は二人の関係には無用だと思います。

夫が浮気した

質問　夫が浮気をしました。夫は浮気相手とはもう別れており、私も夫も夫婦として続けて行きたいと思うのですが、浮気をされたことが忘れられません。いっそ記憶を消してしまいたいぐらいです。別れたくはないので、以前のように仲良く暮らしたいです。どうしたらよいでしょうか。

「忘れられません」は本当のことなのか

人は過去に愛することも、未来に愛することもできません。「以前のように」ということすら忘れて、今精一杯愛してください。愛という感情はふいに二人の間に生まれるのでもなく、消えるのでもなく、今ここでこの人といいコミュニケーションができれば、その時、この人のことが好きなのだなと感じられます。もちろん、過去のことを持ち出して怒ろうものなら、仲良くなることはできません。

「忘れられません」というのは本当ではありません。必要があって忘れないでおこうと決めているのです。その必要というのは、夫が間違っていて、自分が正しいことを確認するためです。正しさに固執することがすでに権力争いです。自分が正しいことを証明できても、彼がいなくなってしまえば意味がありません。

どんなカップルも夫婦も最初から危機的な状況であったわけではないのです。ただ最初から少しばかりボタンの掛け違いのようなことはあったかもしれません。恋愛で一方通行はいやだという人は多いです。それはわかります。私が思っているのと同じくらいあの人にも私のことを思ってほしいと思う気持ちはよくわかります。でも、そう思う時に私だけを見ていてほしいと思ってしまうと困ったことになってしまいます。

ある人が同じ職場でひどく忙しくしている男性に恋をしました。きっと食事もきちんととれないくらい忙しいのだろうから、お弁当を作っていってあげよう。ここまではよかったのです。彼も喜んでくれました。ところが、夕方、弁当箱をとりに行ったら、風呂敷も開けてなかったとしたらどうでしょう。がっかりする人は多いと思います。

そうなると、頻繁にメールを送ったり電話をして注目を引こうとします。しかし、忙しい彼はメールに返事をすることも、電話に出ることもできません。彼女は怒り、携帯に聞くに堪えないメッセージを残しました。別の人に気持ちを移すのは、このようなことが二人の間に起こっている時です。それは歪んだ方法といわなければなりませんが、そのようにしてでも自分に注目を向けたいと思ってとる行動です。

このような行動に出る人には、そんなことをしなくていいと思ってほしいのです。ですから、お弁当を持ってきてもらった時は、そのことを当然と思わないのはもちろん、遅れてでも後でありがとうといってほしいのです。特別なことをしなくても、あなたがいてくれてうれしいというような言葉をかけてほしいのです。

愛することよりも愛されることのほうに注意を向ける人は、自分が愛されているという確信を持つことができません。他の人に気持ちを移すということは、このような人が愛されているという確証を得ようとするための方法と見ることができます。もちろん、それは関係をよくするための適切な方法ではなく、浮気されたほうはそのことで怒りを感じるか、怒りを通り越していやな感じがし、関係はいよいよ遠く離れてしまうことになります。

二人の関係を再建しようと思うのであれば、ここは権力争いから降りて、他の人へ関心を移すようなことをしなくても愛しているということを率直に表明すればいいのです。

夫がすぐに怒る

質問　夫がすぐに怒ります。言葉でいい合う場合、「死ね、ぼけ」などの暴言を吐いたり、物が飛んでくるかなので、話し合いになりません。私も腹が立つし、悲しくなります。どうすれば話し合うことができますか。

怒る夫に注目しない

「いい合う」と「話し合う」では、ずいぶん違います。それに「私も腹が立つ」ということですから、明らかに権力争いの状態です。たしかに彼は喧嘩を売ってきていますが、その喧嘩を買うことはないのです。二人が近い関係であれば、一方だけが怒っていて、他方が怒っていないということは通常ありません。

ですから、一つの方法としては、彼が怒り出せばその場にいないで、声や物が届かないところへ行くことです。喧嘩は一人ではできません。

あるいは、「そんなふうにいわれるとすごく悲しい」とはっきりいいましょう。少なくとも、あなたが腹を立てることはありません。たとえ、腹が立ったとしても、「今のいい方で腹が立った」と言葉で冷静にいうことはできます。要は、相手に怒っていることを伝えればいいので、そのために本当に怒る必要はありません。

暴言を止めさせようと思っている限り、喧嘩は収まりません。実際には、彼がそのような言動をとるしかないと思わせるようなことをしているかもしれないと思って自分を見直すことも必要でしょう。ある人は夫が刃物を振り回し始めた時、いいました。「刺せるものなら刺してごらんなさい」。結果はおわかりでしょう。そんな時は、普通は謝るか逃げるしかありません。

夫に暴言を止めさせようと考えるのではなく、夫に暴言をいわせるようなもののいい方を止めようと思った時に二人の関係は変わります。

相手をののしっていないか、心を読んでないか（本当は私のことが嫌いなのではないか？）、コミュニケーションのとり方、言葉尻を捕らえて批判してないか（そのいい方は何よ）、点検することはたくさんあります。

よくついカッとしたという人がありますが、これは本当ではありません。本当は自分が怒ろうと考え、怒りの感情を創り出しているのです。ついカッとしたといえば、怒りたくなかったのに怒ることになったとか、他の人が自分を怒らせたといっているように聞こえます。そうではありません。今、怒るぞという決断と実際に怒ることとの間の時間の経過があまりに短いので自分で選んだということがわかりにくいというだけのことです。

子どもに怒ったとします。その時、電話が鳴ります。電話に出た時の最初の「もしもし」にはいくぶん怒りの感情が混じっているかもしれません。しかし、その電話の相手が子どもの担任の先生であることがわかった途端、突然、口調が変わります。「いつもお世話になっております」と、にこやかに話を続け、最後は電話の前でおじぎをしてしまいそうです。電話を切ってふと子どもの姿が目に入ると、その瞬間、またカッとしてしまいます。

それではなぜ怒るのでしょう。怒る人は、怒ったり、イライラするとまわりの人が自分のいうとおりに動いてくれるということを知っているのです。まわりの人を自分のいうとおりに動かすことが怒りの目的ということができます。実際、怒る人がいれば、まわりの人は怖いので、怒る人のいうことを聞いてしまいます。そうなると、怒る人は、怒りという感情によって人を支配することに成功することになります。

問題は、怒ることで自分がしてほしいことを他の人にさせようとするわけですが、怒ることは、そのための方法としては上手とはいえないということです。たしかに、いうことを聞いてもらえるかもしれませんが、進んで、あるいは、気持ちよく引き受けてもらえるわけではありません。怒りは人と人を引き離す感情であるというのはこういう意味です。

怒る人は怒ること以外の方法を知りません。怒っても喧嘩になるだけで自分がしてほしいことをしてもらえないのであれば、無駄なエネルギーを使うばかりです。ですから、自分でも怒りっぽいこと、すぐにちょっとしたことでも怒ってしまうことを困ったことだと思っている人もあります。

彼もまた実は怒ってばかりいる自分のことを困ったものだと思っていると見なすことはできないでしょうか。自分が怒りっぽいという人はそのいい方からすでに自分では怒りを何ともできないと見なしていることがわかります。それにまた、いつも怒っているわけではなく、誰彼に対しても怒っているわけでもありません。怒りは、ある対人関係の中で必要があって特定の相手に向けて創り出される感情です。

怒りを向けられた人が同じように怒れば、そのような形で注目されたことになりますから、怒ることを止めることはありません。今のケースでは、怒る夫に注目しないということが最初にできることです。職場でこのような人がいれば、とりあえず、怒る人に注目せず、喧嘩に乗らないということで対処できますが、夫婦や親子関係の中で怒りの感情を愛用する人がいると厄介なことになってしまいます。このような人と共にいる時間は長く、その人との関係は一時的なものではないからです。

いつも怒っている人はいません。そんな人がいれば会ってみたいです。おそらくは一日通算十五分も怒れば、まわりの人はこの人は「いつも」怒っているという印象を持つことになります。

実際にはそうではないのですから、冷静な時に、一度怒りのことで話し合ってみてはどうでしょうか。

まず、何かをしてほしいことがある時に、それを怒らないで言葉で伝えてほしいといいましょう。何かしてほしいことがあれば、怒らなくても、言葉でお願いしてくれたら、それが無理なことでなければ、引き受ける用意があることを伝えるのです。そんなことは怒りの渦中にある時にはとうてい理解されないかもしれないでしょうが、冷静な時に一度試してみてください。

そして、実際、怒らないで、してほしいことを言葉でいわれたら、可能な限り、その要求を引き受けるようにします。おそらく怒りを梃子《てこ》にして要求されていることをのむことは不可能ではないのですが、喧嘩になると最初に彼が何をしてほしいと思ったのかが二人ともわからなくなってしまっているのです。

息子がまだ保育園に通っていた頃、帰りにスーパーに立ち寄って買い物をしました。その時、おもちゃ売り場やお菓子売り場の前で泣いて動かなくなるということがありました。このような場合、怒る子どももあれば、泣きながら怒る子どももいるでしょう。そんな時、私は息子にいいました。

「そんなに泣かなくてもいいから言葉でお願いしてくれないか」

息子は泣き止んでいいました。

「あのおもちゃ買ってくれたらとってもうれしいんだけど」

こうして息子は何かしてほしいことがある時に、言葉でお願いすることができるようになりました。この点、大人も子どもも同じです。

条件付きではなく相手を受け入れる

次に、自分が怒っていることに気づいてもらう援助をしたいのです。もちろん、自分で気づいていないはずはないのですが、怒っていてもそれを認めようとしない人はありますし、自分では怒ってないと思っている人もあります。怒っている時に、それを「止めさせる」のではなく、ただ怒っていることに気づいてほしいのです。私の息子は私が怒るとよく飛んできて、「この頃、眉間に複雑な皺が刻まれるようになった」と笑いながら、私の眉間の皺を指で押しました。気づけば怒るのを止められます。

これだけのことをすれば、時間はかかっても、怒りが介在する二人の関係は変わっていくでしょうが、一緒に暮らすのであれば、覚悟したいのです。夫や妻は家庭の中と外とでは違う人といっていいくらいです。近くにいるがゆえに見えないこともあるでしょう。家庭では、人には見せない弱さを見せます。不機嫌な時もあります。怒ることもあります。夫婦であるということは、このような面をも互いに引き受ける覚悟が必要です。

そのようなことは外からは見えません。他の人が知らない面を知っているというのはうれしいことではありませんか。もちろん、親しき間にも礼儀ありという言葉があるように、相手に不機嫌な面をいつも見せていいということにはなりませんし、怒りは人と人を引き離す感情ですから、それによって二人が近くなるということはありえません。

しかし、それでもこの人と共に生きていくということは、他者から評価されるプラスの面のみならず、マイナスの面もすべてを受け入れることが「出発点」になるのです。どんな面も受け入れること、条件付きではなく相手を受け入れること、つまり問題があっても、理想とは違っても、相手を受け入れたいのです。

マイナス面と書きましたが、実は何がプラスで何がマイナスかはあいまいといわなければなりません。なぜなら、知り合った最初の頃は、すべてが長所に見えていたはずだからです。ところが、関係がぎくしゃくし始めてから、相手についての見方が変わってきたのです。そうなると、何でもマイナスにしか見えなくなります。

例えば、慎重に見えた人が今や臆病にしか見えなくなります。優しいと思っていた人が、優柔不断にしか見えなくなります。几帳面だと思っていたら、細かいところにこだわる人に見え、大らかな人だと思っていたら無神経な人に見えてくるのです。

あれやこれやの欠点があるから嫌いになるのではありません。むしろ、反対に、嫌いになって関係を遠ざけるために、あれやこれやの欠点を探そうとするのです。実際、簡単に見つかります。

子どもの頃、父に殴られたことがありました。温厚な父が子どもの私を一度では気が済まず、隠れた机から引っ張り出したというのは相当私がひどいことをしたか、いったのだと思いますが、後にも先にもたった一度の出来事があって、父との関係がその後うまくいかなかったというのは本当ではありません。むしろ、父との関係をよくしないでおこう、父に近づきたくはないという私の思いを正当化するために、この時のことを折に触れて思い出そうとしていたのです。

今となっては、父と関係を悪くする理由がありませんから、この時の記憶はぼんやりとし始め、本当にあったことではなかったのかもしれないとまで最近は思うことがあるほどです。

この人とこれからも共に生きていくというのであれば、そうする決心を最初にすることが必要です。精神主義みたいでいやだという人には、長所を見つける練習をしてもらいます。やってみればすぐにわかることですが、もう長い間この自分とつきあってきたというのに、そんなに簡単なことではありません。自分について長所をいうことですらむずかしいと感じる人は多いのです。自分のことをよくいおうものなら、聞いている人に引かれることを怖れて、自分のことをあまりよくはいわないのがいいと思っている人が多いように思います。本当は自分は頭がよくて話も上手だとか、美人で笑顔がすてきで誰からも好かれるというようなことをいってみたいと思っていても、なかなかいえるものではありません。もちろんいっていいのです。自分についてはできないという人はせめて、自分のパートナーや子どもについていいところを見つけてみましょう。

親が短所、欠点、問題行動をメモしてこられることがあります。中には、それを話すだけで満足し、私の話を聞こうともしないで帰ろうとする人があって驚きます。そうすることの目的は明らかです。私はちゃんと育てたのに、この子が悪いと認めてほしいのです。

親は、子どもは親とは無関係に悪くなったと考えますが、そうではありません。子どもは、親との関係の中で、必要があって問題行動をし、短所を親に見せようと思ったのです。親が、子どもが適切にふるまっていても、少しもそのことに気づかないからです。

手伝いなんかしなくていいといわれたら子どもはどう思うでしょうか。それなら、親に注目されるために、親にマイナス面を見せるしかないと考えるわけです。だから、親はあたかも自分には関係なしに子どもが悪くなったと思い、そう思いたいのですが、実はそうではなくて、子どもの行動は親に関係があるのであり、その意味では、親もいわば共犯なのです。

もっとも、同じように育てられても、どの子どもも親の手に負えなくなるわけではありませんから、子どもがどうなるかは、子ども自身の責任であることは動かすことはできません。

次に、親のこのような態度は親子関係を損ないます。子どもにすれば、親が他の人に自分の短所や、欠点などを触れ歩いていることは、親が自分の味方ではないことを思い知ることになるからです。

同じことは、夫婦の関係でもいえます。夫、妻の問題にばかりに目が向くのは、夫、妻との関係をよくはしないという決心が最初にあるからです。

ですから、最初にこの決心を解除しなければなりません。そのために、短所ではなく長所を見つける練習をし、長所を見ることによって、関係を悪くしようとしている夫、妻の決心に揺さぶりをかけてみたいわけです。

尊敬を意味する英語の respect はラテン語の語源からすれば、「振り返る」という意味です。日頃つい忘れがちになってしまうことを振り返るのです。「この人は私にとってかけがえのない人だ」「私とあなたは今はこうやって一緒に生きているけれども、やがていつか別れなければならない日がくるだろう」「だからそれまでは毎日毎日を大切にして、仲良く生きていこう」というようなことを振り返るのです。このようなことを振り返ることから尊敬が生まれます。問題があろうが、病気であろうが、私の理想とは違おうが、私の大事な人だと思ってつきあう。理想の人を頭の中から消し去り、他ならぬこの人と一緒に生きていくのだ、この人と仲良くして、心から尊敬して生きていくのだ、と日々決意を新たにするのです。

問題は、夫婦関係ではこのような関係構築のための作業が絶対に必要かといえばそうではないということで、そこが親子関係とは違うところです。問題があっても、理想とは違っても、親は子どもを見捨てるわけにはいきませんが、夫婦の場合は必ずしもその限りではありません。さてどうしますか。

夫との会話がない

質問 子どもが小さい頃と違って、夫との会話の話題がありません。どうしたらいいでしょうか。

わからないと思ってつきあうほうが安全

本当は、子どもが小さい時も、今、振り返ってあの頃はあったと思えるほどの会話はなかったのかもしれません。あったとしても、二人の会話ではなかったのです。子どもの話は「夫との」会話の話題ではないのです。もちろん、子どもが生まれ、育っていくのを見るのは、夫婦にとっての楽しみであり、子どもの笑い声を聞き、子どもの寝顔を見るだけで、二人が満たされていた時期はあったのでしょう。

しかし、子どもの話は夫婦の会話のすべてではありません。子どもが生まれる前はどんな話をしたのでしょうか。そんなこともわからなくなってしまっています。

仕事から帰ってきた夫が、妻から、自分についてはなにもたずねられず、その日一日子どもがどんな様子であったかという話ばかり聞かされるのはどうかと思うのです。少なくとも、子どもの話は後回しにしましょう。もちろん、夫が自分のことよりも子どものことをたずねるのであれば、妻もうれしいでしょう。

関係がぎくしゃくしている夫婦の関係を改善するために、二人だけでデートをすることを勧めることがあります。子どもは預かってもらいます。デートの間は子どもの話は厳禁です。例えば、あの服、あの子に似合いそうねというような話も避けます。帰る時も街の真ん中で別れ、別々に家に帰ってもいいかもしれません。結婚する前、あるいは、結婚した最初の頃の二人に戻ってもらうわけです。

夫婦の会話が少ないのは当然ということもできます。長く一緒に生きてきたのですから、いちいち細かなところまで説明をしなくても話が通じるからです。知らない人であれば、また、私の父のようについ今し方話したことも忘れてしまうのであれば、細かいところまで、何度も繰り返し話さないといけませんので、会話は当然多くなります。

そう考えれば、夫婦の会話が少ないことは快適といっていいのです。ただし、この快適さは諸刃の剣で、日常のルーチンについて会話が少なくなる程度ならいいのですが、相手の気持ちや考えについてまで、多くの言葉を費やして確認することはなく、相手が何を感じ、何を思っているかはわかっていると思ってしまうと危険です。

ですから、たとえ長く生活を共にしている人であっても、わからないと思ってつきあうほうが安全です。食後にいつもコーヒーを飲む彼や彼女がある日、紅茶を飲みたいと思うかもしれません。「何、飲む?」と問うというようなことから始めて、二人の間で言葉が増えるというのは意味のあることだと思います。

他方、何が何でも話題を見つけて話をしなければと思わなくてもいい、と考えることもできます。ある夫婦は、日曜の朝、特に二人で何かを話をするわけではないのですが、小さな音でテレビがついているダイニングでそれぞれが新聞を読んだり、編み物をしたりするそうです。時折、テレビの画面に目をやって、その時話題になっていることについて一言二言話すというようなことをしているうちに昼になります。いつも話し続けることもなく、かといって、ずっと黙っていることもなく、自然に過ごすことができるといいですね。

第七章

親子関係で困った

娘が家に帰ってこない

質問 高校一年の娘と高校三年の息子の母親です。娘は中学から学校にも行かず、非行に走っています。警察に何度もお世話になり一目でそうとわかる格好をしています。息子は娘とは正反対で真面目で進学校に行き、毎日根を詰めて勉強をしています。これまで親のいうとおりにしてきた息子は、まったく価値観の違う下の子が学校に行かなかったり、夜中まで遊んでいたり騒いだりして家に寄りつかないのを認めているわけではありません。私が何もしないでいたら、娘は最近は帰ってくるようになり、それはうれしいのですが、親の見ていないところで息子が陰湿に妹に嫌がらせをするようになりました。娘に今後どう対応していけばいいのか、息子と娘の関係、さらには息子が娘のような生き方を選ぶのではないかと心配なのですが、どうしたらいいかわからないのです。

子どもの課題に親は介入できない

残念ながら、親ができることはあまりありません。すべて子どもの課題だからです。娘さんが現在学校に行っていないということ、これからどうするかというのは、彼女が、自分で決めていかなければならないことだからです。どんな選択をしてもその最終的な責任は彼女がとらなければなりませんし、親が代わりに引き受けるわけにはいきません。子どもの課題については、親は原則的に介入することはできません。

兄と妹の関係も誰の課題かといえば、子どもたちの課題なのです。陰でいじめられていようと、娘さんが自分で解決しないといけないことなので、親は子どもの側から協力の依頼がなければ立ち入ることができません。息子さんも今は進学校に行っているけれども、妹のような破天荒な生き方を見て、自分もあんなふうな生き方をしたいと思うようになるかもしれません。このまま何事もなければ順調な人生を歩めるかもしれないのに、人生のレールから外れてしまうというようなことが仮に今後起こったとしても、それも子どもの課題で、親がそれについて何かできるかといえば、原則的には何もできません。

しかし、親は子どもに対してまったく何もできないかといえばそうではありません。娘さんが最近は帰ってくるようになったということですが、家は帰るところだと思って帰ってこられるわけです。それが毎日ではないところが問題だと思われるでしょうが、時々でも帰ってこられるのであれば、その時の娘さんとつきあうことが今できることです。

時々しか帰ってこないことがいいか悪いかという問題ではなく、家に帰ってこない子どもとつきあうことはできないということが問題であり、今ここにいる子ども、家に帰ってきた子どもとだけつきあうことができるというところから何ができるかを考えたいのです。

せっかく帰ってきたのに叱られるというのでは二度と帰ってこないという決心をすることになってしまいます。叱らなくても、長く帰ってこなかったことに注目して声をかけると、子どもはうれしくはないでしょう。とにもかくにも帰ってこられているのですから、久しぶりといってももちろんいいのですが、帰ってきたことに焦点を当てて声をかけてほしいのです。そのためには、娘さんの顔を見た時に感じた気持ちを言葉に表してほしいのです。うれしいのであれば、あるいは、子どもの帰りを待ち望んでいたのなら、その気持ちを素直に伝えることはできます。

その際、親は自分の気持ちをいうだけであって、それを子どもが聞いて、次はもっと早く家に帰ろうと思うか、もう家を出るのは止めようと思うかどうかは子どもが決めることです。親が、今こんなふうに声をかけてやれば、次は早く帰ってくるようになるだろうというようなことを思って声をかけると、子どもには親の下心が伝わります。娘さんが家に帰ってこられたことがうれしいのであれば、ただうれしいといってほしいのです。

何もしないでいたら、娘さんが最近は帰ってくるようになったというのにはわけがあります。以前は、帰ってこられた時にどこに行っていたのかと問い詰めていたのではないかと思うのです。このような時に、何もいわない親はいないでしょう。

子どもがいちばんいやなのは無視されることです。家に帰った時にただいまといっても、誰もそれに反応してくれなければうれしくはありません。家庭であれ、学校であれ、ここにいてもいいのだと感じられることは誰もが強く願うことであり、そのように感じられなければ何とかして自分がいることを認めてもらおうとします。アドラー心理学では、ここにいてもいいと感じられることを「所属感」と呼び、人間のいちばん基本的な欲求だと考えています。

そのために、最初から親が困るようなことはしませんが、適切な行動をしていても、親がそのことを当たり前のこととしか思わなければ、子どもは親が困ることをすることで、せめて叱られるという形で親の注目を得て、そのような仕方で家庭での自分の居場所を得ようとするのです。

子どもが家事をしても、親がそのことに注目せず、そんなことはしなくてもいいから、勉強しなさいというような場合です。この場合、子どもが親が期待するだけの成績をとることができれば話は別なのですが、親の期待に添えない時、子どもは親から見て問題と思える行動をし始めるのです。

　帰ってきた時に親から叱られると、子どもは叱られたくはないけれども、無視されるよりはうれしいのです。ですから、子どもは家に帰ってきた時に無視されるよりは叱られてでも注目されたいと思うので、子どもを叱れば叱るほど、外泊を繰り返すようになります。

　ところが親が子どもが家に帰らなかったことに注目せず、その代わり帰ってきた時に親がうれしいといえば、困惑してしまうでしょう。親の対応がそれまでとは違ったことを知った子どもはわざわざ親を困らせるようなことをしなくても、親が自分のことを見てくれていることがわかり、やがて子どもの行動は前とは違ったものになります。

　話を戻すならば、子どもの課題については、親には残念ながらあまりできることはありません。子どもが学校に行く、行かないということも含め、これからの人生をどう生きるかは子どもが決めることであることを認め、子どもの課題に介入しないことが必要です。

　そのうえで、今、何ができるかを考えるのです。もしも今、声をかけることすら子どもをいらだたせるというような関係でしたら、今できることは何もしないことです。そうすることで、少し距離を置けば、そのことが関係が変わるきっかけになることはあります。ただし、これは今は何もしないほうがいいということであって、やがて関係が変わり、状況が変われば、しないといけないことがいくらでも出てきます。

学校に子どもが行かないということは、子どもの課題であると、逆にあまりに割り切りすぎてしまう親は、「私には関係ないんだ。私の人生ではないのだから、子どもがどんな人生を送ろうと私は知らない」といって割り切ってしまいます。たしかに学校に行く、行かないは子どもが自分で決めることであり、子どもが学校に行かないことに親に直接の責任があるわけではありませんが、子どもの親に反発したり、親が困ることをして親からの注目を引くために学校に行かないというようなことは回避したいのです。そのために親は子どもとの関係をよくすることに努めてほしいのです。

また、親が子どもの直面している課題に援助することはできますし、援助しなければならない場面はあります。将来の進路についてこれからどうするかということについて話し合いができるところまで関係をよくしたいのです。

手出しをしないで見守っていくという距離

中学三年になるまで学校に行かなかった子どもがいました。中学三年生になった時点で、親が子どもが学校に行っていないことについて一言もいわないことは、親子として不自然ではないかということに思い当たりました。ある日Ａ４の用紙二枚に最近の子どもの様子をまとめ、「これを学校の子どもたちに配ろうと思っているのですが、どうでしょう」とたずねられました。そのことを子どもにはいっていないということだったので、私は「まず子どもさんにこの文章を配布してもいいかたずねてみませんか」といいました。

子どもは「お母さん止めてくれ」といいました。それで、親はあきらめましたが、こんなことがあって、親と子どもの関係は明らかに変わりました。この子どもは、親は自分のことに関心を持ってくれているということをこの時、学んだわけです。つまり、親はまったく自分をほったらかしだ、自分をかばってくれなかったと思っていたのです。どうもそうではなかったようだ、こんなことされたらいやだけど、親は少なくとも自分のことをどうでもいいと思っているわけではないことに気づきました。

親は、そのレポートを担任の先生には見せました。担任の先生は、夏休み前の終業式の日に、クラスの友達を引き連れて朝、迎えにきました。「これから終業式だから一緒に行こうよ」。子どもは、結局その申し出を拒みました。先生は子どもたちに「もう時間だから先に学校に行きなさい。私は後から行くから」といって、学校に行くようにいったのですが、帰ろうとしている子どもたちを追いかけるように家から出てきた彼は「みんな、今日は本当にありがとう。きてくれてありがとう」と何回も手を振って、見送りました。

　これは彼にとって大きな転機でした。彼は二学期から学校に行き始めました。こんなふうに無関心、放任ではなく、関心を持っているけれど、手出しをしないで見守っているという距離をとれたのはよかったです。子どもがしていることを知っているけれども、あえて手出し口出しをしないというのは、それほど簡単なことではありません。

　きょうだい関係というのは、親が子どもを普通に叱ったりほめたりして育てれば競争関係になります。兄が勉強ができれば、妹はあまり勉強しないかもしれません。もしも勉強をして兄に勝てる見込みがあれば、兄に挑んでくるかもしれませんが、勝ち目がないとわかれば、勉強しないのです。

　この質問のケースのように兄が進学校に行っていい成績をとっていると、妹は勉強してもとてもかなわないと思います。親が、これは子どもの持ち味の違いだと思って、例えば、妹が音楽や芸術、あるいは、スポーツなどに関心を持てるように援助し、それらのことに関心を持てば、二人が競争する必要はなくなります。ところが、親が勉強ができることが唯一絶対の価値だと思っていて、子どもがそんな親の期待に添えないと思うと、何とかして親の注目を自分に向けようと親が困ることをすることが残念ながらあります。そうすると、親はそれまで上の兄に向けていた関心を妹のほうに向けざるをえなくなってしまって、妹は親の注目を引くという戦略に成功することになってしまいます。

勉強ができることにこそ価値があると思っている親にとって、子どもが学校に行かないことは大きな打撃になります。そのことを知って子どもが学校に行かないというような状況を作らないようにしたいのです。もちろん、このように親が気をつけてみても、学校に行く、行かないは子どもが決めることですから、勉強に価値を置くことを止めれば、子どもは学校に行くようになるというふうには必ずしもなるわけではありません。

子どもたちにこんなことをしなくても親はちゃんと自分のことを見ていてくれているのだということを学んでほしいのです。まずは、うるさいことをいうのは止めて、家に帰ってきた子どもに「お疲れさま」とお茶でも出してみることです。何日も帰ってこなかったのに、どこに行っていたか親が何も聞かなければ、子どもは居心地が悪いかもしれません。しかし、しばらく帰ってこなかったけれども、この子は今はここにこうして私のところに帰ってきて私の前にいるのだから、目の前にいるこの子どもとつきあうことを考えるしかありません。

これから先どうなるかはわかりませんが、明日のことは考えなくていいのです。娘さんのほうも、家に帰ってきたら親が喜んでくれ、家に自分の居場所がある、ここにいてもいいのだと思えたら、また明日も帰ってこようと思うかもしれません。思わないかもしれませんが、少なくとも親がうるさくはいわないことを知ることは、親子の関係を変えるきっかけにはなります。

学校に行かないこと、家に帰ってこないことがいいことだといっているのではないのです。私にアメリカの小説家、ポール・オースターの小説を教えてくれたある若い人は、中学生の時からかれこれ十年ほど家に引きこもっていましたが、コートのポケットの中から国語辞典を出してきました。「本当はこれではだめだというのは知ってるんです。でも漢和辞典の引き方がわからないので、読み方がわからない漢字が出てきたらこれで調べています」。学校で勉強するのは大変ですが、辞書を引かなくても本を読めるようになるなど、学校で学べることは多々あること、学校に行っていなければ学べないこともあることは知っておかなければなりません。

しかし、考えてみれば、今、学校に行かないことで生じる不利な点と書いたのですが、少しばかり学ぶ時期が遅くなるというだけのことであって、学校で学ばなかったことを後の人生で学べないわけではありません。何となく皆が行くからといって身体だけを学校に運んでいる人よりも、興味のあることに出会えれば、多少学び始める時期が遅くても、深く学べるかもしれないのです。

ともあれ、今は学校に行っている子どもは現実にはいないのですから、理想の子ども、つまり学校に行っている子どもから現実の子どもをいわば引き算をしないで、学校に行っていなくても、あるいは学校に行っている、行っていないには関係なく、子どもが生きているのですから、適切な表現ではないかもしれませんが、生きている状態をゼロと考えれば、他のどんなこともプラスに見ることができます。

ここ二、三カ月子どもが学校に行っていない親はパニックになってしまいますが、五年、十年と引きこもっている子どもの親は達観しています。「あの子のおかげで、私は人の心の痛みがわかるようになりました。私は子どもに教えてもらったんです」。そんなふうにいわれます。「小さい時から子どもにひどいことをいってきました。小学校の三、四年生頃に、子どもがいじめられたと帰ってきた時に『あんた男の子やろ、泣いたらあかん』と、今思うとひどいことをいっていました」。どの親も子どもを一生懸命育てていますから、その時点でできる最善のことをしているものです。それがどんな結果をもたらすかは後になってわかることで、その時はそうとしかいえなかったのです。はっきりしていることは、今その時にまで戻って、育児をもう一度やり直すことはできないということです。

必要があれば、謝ったらいいと思います。子どもが、過去のことを持ち出して親に謝ってくれということはあります。「夫はそれだけは絶対したくないといってます」という人がありました。謝ることだけで親子の関係が変わるわけではありませんが、これからの関係が変わっていくきっかけにはなります。親にしてみれば、子どもに学校へ行くなといったわけでもなく、他の子どもが学校に行っているのに、お前は学校に行かなかったではないか、仕事に就こうとしなかったではないかなどいいたいことは多々あるでしょうが、そういった権力争いから降りてほしいのです。感情的にならなくても、正しさを主張しそれに固執すれば、子どもとの権力争いに入っているのです。権力争いをしている限り、子どもとの関係は変わりません。

人の課題に土足で踏み込むと起こること

私の母は四十九歳で亡くなりました。父はその時、まだ五十代の初めでしたが、その後ずっと一人で生きてきました。やがて父はある宗教を信仰するようになりました。もちろん、父がそうすることには何も問題はないのですが、ただ一つ困ったのは、父が私にも入信するよう強要したことでした。

その頃は、若い時ほどは、父との関係は悪くはなかったと思っていました。私は母の死後ほどなく、大学院に在学時に結婚しましたが、いっこうに就職する気配がないように見えたのでしょう、父はいつになったら職に就くかしきりにたずね、仕事のことなどについて説教するので、父と二人きりになることをいつも極度に怖れていました。

対人関係のトラブルというのは、人の課題にいわば土足で踏み込むことで起こります。親子であっても同じです。私がどんな仕事に就くかは、私の課題であって親の課題ではありません。つまり仕事に就かないとすれば、その責任は私がとればいいので、親には関わりのないことなのです。親が心配してくれるのはわからないわけではありませんが、いきなり就職しないことを非難されたら、それは親には関係ないと反発しないわけにはいきませんでした。

その頃のことを思えば、父が私のことを気にかけずに、自分の人生を生きていて、長く連絡をしないこともめずらしくはなくなっていて、ようやく親の干渉から自由になれたのでした。それなのに宗教のことでまたもや私の人生に入り込んでこようとする父の態度にうんざりしたのでした。いうまでもなく、宗教を信仰することは、もし信仰するとすれば、私の課題であって、親がとやかくいうことではないわけです。

宗教については、私は初めから聞く耳を持たないというような態度をとるということはありませんでしたが、こんなことでまたもや父との関係をふいにしたくはないという気持ちが強かったのです。困り果てた私は精神科医の友人にこのことについて相談をしました。すると、彼は即答しました。「入ってあげたら」と。

最初は予想外の答えに驚き困惑したのですが、友人の思いがけない助言は、父との権力争いから降りることを勧めたものであると理解しました。誰かとの関係で怒りの感情が起きるようであれば権力争いに入っていることは明らかですが、「私は正しい」と思っていれば、何度も述べたように権力争いに入っているのです。

私が父とこの意味で権力争いをしていることに思い当たったのは、ある日のこと、父がいつになく強いいい方をするので、たまらず、父に大きな声をあげた時のことでした。

父はこういいました。

「お前は私が入信した時から、この宗教に入ったのも同じなのだ。なぜなら、親子の縁はどんなことがあっても切れないからだ」

たしかに親子の縁は切れないのは本当かもしれませんが、それと宗教は関係ないと考えた私は「僕には何の関係もないことだから、そんな話は聞きたくない」と、いいました。これだけのことをいうのであれば、別に大きな声を出さなくてもよかったわけです。

「お前が私に背けば、(仏さまからの)お前への流れは断ち切られることになる」

「不幸になる、ということ?」

「そういうことだ」

私は思い直して父にこういいました。

「……親子の縁は切れない、というさっきのいい方は、上から下へ向かっていわれたように思えた」

するとと、父は思いがけず「私のいい方がよくなかったのかもしれない」と非を率直に認め、それから後は、私も父も感情的にはならずに、冷静に話し合うことができました。

「私は、若い頃は苦しいことがあって、宗教に入ろうと思ったこともあったのだよ」

私は親のことにほとんど関心がなかったので、父から聞くことはどれも初耳のことばかりでした。どんな悩みがあったのかと話を聞いてみたくなりました。この時、私は父と三時間も話をしました。

今、振り返れば、父の入信の誘いは結局受け入れませんでしたが、これが父との和解の第一歩でした。時には理解できないこともありますが、理解するということと賛成するということは別のことです。おそらく、私は父以上に父の信仰している宗教を理解したかもしれないのですが、だからといって賛成はできなかったのでした。

ついでながらいえば、このような勧誘や、誰かから何かを依頼された時、断るのがむずかしいことが最初からわかっている場合、対処法はあります。子どもも何かお菓子とかおもちゃを買ってほしいと頼んでくることがあります。

そんな時は、話を聞くと、相手の強弁に負けてしまうことがあります。ですからどんなことがあっても断りたいのであれば、最初から話を聞かないほうがいいのです。話を聞くと、引き受けてもらえるかもしれないと期待しますし、そのうえ、なぜ依頼を引き受けることができないかという理由を話してしまえば、それは断る理由にならないと説得すればいいと相手は考えるので、期待感を膨らませることになります。ですから理由をいわずに、その話は聞きたくない、と話を打ち切る方向へと持っていかなければなりません。

ただし、仕事絡みの話や執拗な電話セールスの場合は、このようにして断っても何の問題もありませんが、親子関係などで断ることが関係を決定的に悪くすることがわかっていれば、本当に断っていいものかは慎重に検討する必要があります。もっとも親が子どもの要求を断ることについては慎重でありたいですが、子どもが親の要求を断ることで親子関係が悪くなるとしても、親があきらめるしかないだろうと私は考えています。

私は父に「一度いつも行っているお寺に一緒に行ってもいいと思っている」といいました。父は喜びました。こうして、権力争いから降りることができました。

その後、私は少し忙しくて連絡をしていなかったのですが、ある日、電話がかかってきました。父がいうのです。「一度お前のしているカウンセリングというのを受けたい」と。一体、親にカウンセリングなどできるのだろうかと思いました。利害関係のない第三者でないと相談に乗ることはむずかしいからです。父は話の中に私の妹のことを持ち出してきました。知らない人なら冷静、客観的に助言することができるでしょうが、妹のことを知っている以上、妹との利害関係は問題を公平に判断し、助言することを困難にします。

私たちがいつもかぶっている仮面

カウンセリングでなくても、親子が話し合いをする時、学校を辞めたいとか、就職しないとか、結婚する、あるいは離婚するというような、本来は子どもの課題を親と子どもの共同の課題にすることはできますが、だからといって何でも口を挟んでいいわけではありません。慎重に話さなければ、親子の話は往々にして感情的なものになってしまいます。

このようになってしまうことがあるので、親子が話し合うことは、多くの場合、非常にむずかしいのです。しかし、決してできないというわけではありません。子どもが親に相談を持ちかけてくるのは親子の関係がよいからですし、親が相談されることは子どもの課題であって親の課題ではないということ、つまり、子どもが目下直面する課題について決断する援助はするけれども、最終的に決めるのは子どもであって親ではないということをわきまえて相談に乗ることができれば、冷静に話をすることはできます。

その時、親でもないし子どもでもない、一個の人間としてのつきあいが始まります。ある意味でこれは非常に怖いことです。私たちはいつも役割という仮面をかぶって生きています。英語のパーソン（person）という言葉はペルソナ、仮面という意味です。親という仮面をかぶる時、子どもとつきあえます。しかし、仮面をかぶっているうちは、一個の人間同士としてのつきあいはできないと思うのです。

診察室での話が、特別の話であってはいけないと私は考えています。なぜ、特別な話になるかというと、ここでも仮面をかぶってしまうからです。医師やカウンセラーは仮面をかぶります。そうすると、医師やカウンセラーの前にこられた人はクライアントだったり患者になります。医師がなぜ白衣を着るかといえば、一つは、患者の前で医師という役割の違いをはっきりさせるという意味があります。しかし、私が勤務していた医院では白衣を着る人はなく、皆、私服でした。治療者としてではなく、人間、あるいは、友人として患者さんと向き合いたいのです。

家庭でも同じです。親が親の仮面をかぶっている限り、子どもは子どもの仮面を外そうとはしません。親とか子どもとかではなく、友人だと思って子どもが話をできるような私になろうとしてみてください。そうすると、子どもたちも変わってきます。子どもの話を批判しないで最後まで聞くのは簡単なことではありません。親として話を聞いてしまうと、こんな話を黙って聞いていてはいけない、親として意見しないといけないなどと思ってしまいます。そうなると、機嫌よく話をしていた子どものほうも、話すのを止めようと思ってしまいます。話を最後まで聞かないで口を挟み、そのうえ、批判までする人に話を聞いてほしいとは思わないからです。

仮面をかぶらなければ、話を聞くことはできます。おもしろいなと思って話を聞けばいいのです。こんなことを考えているのかと聞けば、一時間でも二時間でも話を聞けます。父と長く話した時、私は、部長さんのいじめにあってたのか、知らなかった、そんなこと話してくれたことなかったなとか、ずいぶん苦労してたんだなと、どの話もおもしろく聞くことができました。若い時に、お姑さんが怖くてむずかしい人で、父と母がいろいろな宗教団体を渡り歩いていたという話を聞き、私は親のことを何も知らなかったと思い当たりました。

おもしろいと思って話を聞くと相手に伝わります。父はいくらでも話をしてくれました。

宗教なんて迷信だ、といえば、話はそこで終わってしまっていたでしょう。話がたとえどんなに荒唐無稽《こうとうむけい》でも、話は聞きます。そのうえで、あなたの話はわかるけれど、私は賛成できないということはできます。時に話を理解することすらむずかしいこともありますが、その場合も理解する努力はしたいのです。そのうえで賛成できないことを伝えます。それでも自分が賛成できないことを相手が選ぶのであれば、私はあなたが選んだことを友人としてできるだけ援助したいと思っています。学校に行かないというのなら、私はそのことを望ましいとは思っていないけれど、学校に行かないあなたに私ができることが何かあれば力になりたい。そう伝えたいと思います。

仮面を外すことができないというのであれば、友人としての仮面を、例えば親と子どもがかぶるというふうに考えることはできます。目の前にいる人を親や子どもだと思うので、冷静に話すことができないのです。もしも、この人が私の大切な友人だとすれば、どんなふうに話を聞き、どんなふうに話せばいいかがわかります。友人なら、話をきちんと最後まで批判しないで聞けるでしょうし、相手の課題に土足で踏み込むようなこともしません。しかも友人なのですから私の課題ではないというようなこともいわないでしょう。

子どもが親離れしていく

質問 子どもがどんどん親離れしていきます。うれしいのですが、寂しいです。どうしたらいいでしょうか。

子育ての最終的な目標とは

本当はうれしくないのではありませんか。

中学校の三年間引きこもっていた男の子がいました。彼が三年生の二学期、十二月頃に、お母さんがカウンセリングにこられて、「息子が今年初めて家を出ました」といわれました。十二月に「今年初めて」家を出たというのは、どういうことなのかと思って聞き直したら、「本当に今年初めて出たんです」ということでした。その年は、一月からずっと外に出てなかったのです。

そこで「どちらに行かれたのですか」とたずねたら「書店に行ってきました」ということでした。書店でコンピュータの雑誌を買ってきたという話を聞き、家にはコンピュータがあることがわかりました。

お母さんに「インターネットって知ってますか」とたずねましたが、初めて聞いたということでした。今とは違ってインターネットに接続することがまだまだ一般的ではありませんでした。「息子さんはきっと知ってるから、帰ってから聞いてみてください。おもしろいですよ。知らない人とでもメールの交換ができるのです」というと、親は初めて聞く話に驚き、帰ってからさっそく子どもにその話をしました。

インターネットに接続できるようになると、やがて五、六人の人とメールのやりとりを始めました。その中に、たまたま定時制高校の先生がおられて、その先生とメールのやり取りをしているうちに、その学校に興味を持ち始めました。

ある日、彼は母親にいいました。「僕、高校行くわ」と。母親は子どもの高校に行くという言葉を聞いて喜んだかというとそうではなく、頭が痛くなったり、ふらついたり、目眩《めまい》がするようになりました。言葉では、子どもが高校に行くといったことをうれしいといってみても、身体は正直だったわけです。

「お母さんは子どもが、いやだいやだといいながらも、ずっと家にいてくれると思ってられたのではないかと思うのです。早く他の子どもと同じように学校に行ってほしいと思っておられたかもしれません。でも、ひょっとしたら、このままずっとこの子が家にいてくれるのではないかなと思っておられたような気がするのです」

このようにいったところ、すぐにそのことに思い当たられました。

「でも今、子どもが外に行く、学校に行くといわれた時に、このままずっと家にいるという期待を裏切られ、すごくショックを受けられたのです」

もしも親が自分の力でいろいろと手配して「定時制高校の先生に私の知り合いがいるから紹介してあげよう」とか「一度会ってみなさい」というようなお膳立てをして、子どもがその親の提案に従って先生と知り合って、やがてその先生の影響を受けて学校に行くことになったのなら、親は満足だったと思います。

ところが、実際には、子どもは親の知らないところで動き、勝手に（と親は思ったでしょう）自分の人生を決めました。親はその事実をすぐには受け入れることができなかったのです。そのことを納得できるまでに、しばらく時間がかかりますから、それまでは症状も止まないかもしれないといいました。

子どもが親から自立することが子育ての最終的な目標です。たしかに子どもは最初は親からの援助なしには生きていくことができませんが、やがて自立してほしいのです。しかし、親は子どもを自立〈させる〉ことはできません。

仮に子どもが親の働きかけによって、自立させられたとすれば、実は、それは子どもからすれば「自立」ではなく「他立」ということになります。子どもは親が思いもよらない仕方で親から離れていくのです。

このような意味での子どもの自立を認めたくない親は、子どもの自立を素直に喜ぶことができず、怒ったり、悲しんだりします。しかし、このような感情は親が自分で何とかするしかなく、子どもはどうすることもできません。

子どもが親の望まない結婚をして親ともめることはよくあります。親が子どもにそんな人と結婚するなら私は悲しくて死んでしまいそうだというようなことをいっても、子どもは親に短いおつきあいでしたねというしかありません。そこまでいう人はないかもしれませんが、私がつらいからお願いだからあんな人とつきあわないで、と親がいっても、子どもとしては何もできないのです。

私は働いていない母親に働くことを勧めることがあります。そのことで経済的なメリットがあるかどうかはわかりませんが、仕事に行っている間、子どものことを忘れられるのなら、それは大きなメリットです。長く子どもが引きこもっている親が一大決心をして、パートの仕事に就きました。様子を見に行ったところ、「家にいるより百倍楽しい」と私を見かけて声をかけられました。

親が自分の人生を生きて、自分の人生を楽しく生きるということと、どんな問題があっても子どもが自分の人生を生きるということとは、まったく別問題だと親にまず割り切ってほしいのです。

子どもが嘘をつく

質問 小学校六年生の女の子。四年生の時、親の転勤で転校しました。五年生の時に病気をしたのでまったく学校に行っていませんでした。最近、保健室などには行くようになりました。でも学校に行っても授業を受けないことがどうしても許せませんでした。先日、眠かったらしく学校から電話で「お腹が痛いから帰る」という連絡がありました。嘘だとわかっているのですが、「薬を用意しておくから寝ていてね」といったのに、帰ってきて顔を見たら腹が立って以前の自分に戻ってしまいました。頭では怒ってはいけないとわかっているのに、どうしたら子どもとよい関係を作れるのでしょうか。それと、自分が変わればあの子が変わると思っているのに気づいたのですが、こんなふうに考えるのは傲慢でしょうか。

ただ自分が変わればいい

自分が変わればあの子が変わると多くの親はいいますが、自分が変わっても、子どもが変わらなかったら怒るのです。子どもを変えるために自分が変わるのではありません。ただ自分が変わればいいのです。

他方、自分をひどく責める親もあります。「この子がこんなふうになったのは、私のせいだ」といわれます。「この子がこんなふうになったのは誰のせいでしょう」と犯人捜しをしているようなこともありますが、それを思えば、自分のほうから私が悪かったといわれる人のほうが、後の話がスムーズに進みます。

もっとも私は自分のせいでこの子がこんなふうになったというのは違うと思うのです。もしも、このようにいう人の子どもが成功すれば（何をもって成功というのかはむずかしい問題ですが）、親は「私のおかげで成功した」といいかねません。そうではないでしょう。成功したのは、子どもが自分で努力したからです。私のせいで子どもが何か問題を起こすようになったといえるほど、親は支配的であってはならないのです。

子どもは親のせいで「こんなふうになった」わけではなく、あくまでも親から影響を受けたにすぎませんが、親の子どもへの影響力は強く、親の子どもとの関わり方に、改善すべき点があったというのは本当でしょう。しかし、親がこのことを認め、自分が変わらなければと思って変わる努力をしてみても、子どもがいっこうに態度を改めなかったら、親はたちまち攻撃に転じます。

私がこの子を変えるために変わるのではなく、私がただ変わるだけであって、親の態度の変化に伴って、子どもは変わるかもしれませんが、変わらないかもしれません。親の変化と子どもの変化の間には因果関係はありません。子どもが変わるか変わらないかは、子どもが選ぶことだということをまず知ってほしいのです。

頭でわかっているのにできないとはよく聞きます。実際のところは、本当にわかっていれば、それをできないはずはないと私は考えているのですが、頭でわかっていないよりもわかっているほうが望ましいのです。

まず、怒ると相手との関係が近くはならず、遠くなるということをわかってください。この怒りの感情については先にも何度も見ましたが、人と人とを引き離す感情です。関係が遠ければ、子どもを援助することはできません。怒る人には誰も逆らわないかもしれませんが、その人に進んで従うわけではありません。

「嘘だとわかっているのですが」ということですが、お腹が痛いという言葉をそのまま受け入れていいと思います。子どもが嘘をいっているのではないかということも含め、子どもの心を読まずに、子どもが言葉でいっていることだけを手がかりにして子どもとつきあっていきたいのです。嘘をつくことがいいといっているのではありません。お腹が痛いというのが嘘なら、子どもは嘘をつかないと学校から帰れないと思っているということなのですから、嘘をつく必要がない関係を子どもとの間で築きたいのです。

子どもが休みの日は機嫌よく遊んでいたのに、月曜日の朝になって、お腹が痛いといい、保育園や学校に行かないとぐずぐずいったという経験をした人は多いかと思います。そんな時、お腹が痛いというのは嘘ではないだろうかと思ってしまいます。私は、子どもがこんなことをいいだしたら、「どうしたらいい？」といっていました。子どもにとってもお決まりの会話なので、子どものほうもどう答えるか心得ていました。「学校に電話をしてほしい」。学校は子どもが自分で休むことを電話で連絡してはいけなかったので、親が電話をすることになりますが、その場合もどういえばいいか子どもにたずねました。「何といったらいい？」「お腹が痛いから休むといって」。

そこで、私が学校に電話します。「今日はお腹が痛いので休むといっています」「休ませます」とはいわないのです。休ませるつもりはありませんから。ただ私は子どもにいわれたことを伝えました。たいてい、電話に出た先生方は驚かれましたが、私はメッセンジャーなので、子どもの言葉を子どもに代わって伝えただけでした。

学校に子どもの欠席を伝え、晴れてその日学校を休めることになると、それまであった頭痛も腹痛もなくなります。親は元気になった子どもを見て困惑し、そんなに元気なら学校に行きなさいといいたくなります。実際に頭痛や腹痛があったはずで、その症状は学校を休むために必要だったわけですが、学校を休めることが確定すればもはや症状は必要ではなくなったわけです。

おわかりだと思いますが、親が子どもに病気という口実を必要としないでいいように子どもにいっておけばいいのです。例えば、普段から、学校を休む時は病気にならなくてもいいからといっておくわけです。

私がこのような対応を提案するのは、学校に行く、行かないは子どもが決めることだと考えているからです。学校に行かなくていいというつもりはありませんが、子どもが学校に行って勉強をするのですから、親に強いられて行くのではなく、自発的に学校に行ってほしいのです。

子どもが学校に行かなくなると、どの親も例外なく、この子を学校にやらせてください、と相談にこられますが、この相談を受けることはできません。子どもがきていないからです。子どもも相談にこられたら、学校に行くか、行かないかということが、カウンセリングのテーマになります。

しかし、親だけがカウンセリングにこられた場合は、子どもが学校に行っていなくても、そのことが気にならなくなるためにはどうすればいいか、とか、学校には行っていないけれども、家にいる子どもと喧嘩をしないで、仲良くなるための方法、総じていえば、子どもとの関係をどうすれば改善できるかということであれば相談に乗ることはできます。

こうしてカウンセリングを始めると、子どもとの関係は変わってきます。顔を合わせるたびに、学校に行きなさい、もうそろそろ学校に行ったほうがいいのではというようなことばかりいっていた親が学校のことについて何もいわなくなれば、それだけでも子どもにとっては驚きです。「子どもは家にいる時はたいていは機嫌がいいのですよ、でも、学校のことを話し出すと途端に不機嫌になります」と親はいいます。それはそうでしょう。子どもが機嫌が悪かったり怒るのは、例えば朝起きるのが遅くなった時、本当はもっと早く起きるべきだったのに、起きられなかったことの責任は自分にあることを知っているからなのです。

それがわかっていながら、親の前では「起きられなかった」とただいえばいいものを、自分の責任を素直に認めたくはないので「どうして起こしてくれなかったのか」といってみたり、親のほうも「何時だと思っているの」などと余計なことをいってしまうので、朝から喧嘩になってしまうのです。子どもが機嫌が悪くてもそっとしておくのがいちばんです。

機嫌がいい時には、学校の話をしないで、子どもが好きなゲームの話や、ミュージシャンの話でもしてみてはいかがでしょう。それが子どもとの話の糸口になって、子どもがこの親も少しは話がわかると思ってくれれば、関係が変わっていきます。

ここでも、仲良くなるために子ども受けする話をするというのでは、下心を見透かされることになってしまいます。子どもがどんなことに関心を持っているかに関心を持って話を聞くとおもしろいです。

やがて子どもが、親の変化を見て、何か違うぞ、何か変だ、と思ってカウンセリングにくることがあります。両親のカウンセリングを終了して二年ほど経ったある日、「実は、相談したいことがあります」といってカウンセリングにきた人がいました。その時初めて、これからの人生をどう生きるかをテーマにカウンセリングを始めることができます。

この相談を親が子どもから受けることはもちろんありえますが、学校に行く、行かない、これからの人生をどう生きるかということは子どもの課題です。いうまでもないことですが、親は子どもに代わって生きることはできないわけですから、子どもの相談には乗っても、親は子どもにこうしなさいと指示することはできません。そんなことをしようものなら、二度と親に相談しなくなるでしょう。

これからどうするかという問題にさしあたって答えが出ず、子どもの生活に目立った変化が起こらないとしても、親が子どものことでくよくよと悩まなくなれば大きな一歩を踏み出したといえます。親が子どものことで悩んでいたら、子どもは一体何を感じるかを考えたことはあるでしょうか。あるいは、親が悩んでいると、子どもはそのことから一体何を学ぶでしょうか。親が悩むことは、子どもを敵にまわすことになります。

子どもが学校に行っていない親が外で明るく元気にしていると、子どもが学校に行ってないのに、どうしてそんなに元気でいられるの、といわれるかもしれません。悩むのはそんなふうにいわれたくはないからです。悩むと世間の同情を引くことはできます。しかし、悩むことは子どもを敵にまわすことになります。なぜなら、私はちゃんと育てたのにあの子が悪いと世間にいっているようなものだからです。そんなことをして、子どもとの関係がよくなるとは思いません。

子どもたちは、悩んでない親を見れば罪悪感を感じません。学校に行っていない子どもは優しいです。人の心を傷つけるようなことを平気でいうような子どもではありません。学校には行くものだとそのことに格別の疑問を持たない子どもとは違って、いろいろなことが見えすぎて学校に行けなくなるともいえます。

そういう優しい子どもは、親が悩んでいるのを見ることを好みません。「お母さんが幸せそうにしてるのか、悩んでるのかどっちがいいの」とたずねたら、たいてい、「別に親は悩んでなくてもいい、お母さんが幸せそうにしてくれるほうがうれしいよ」という答えが返ってきます。ですから親は堂々と明るく元気でいればいいのです。

子どもがたばこを吸う

質問 家族七人で暮らしています。長男、長女、次女の三人の子どもがいく、上と下は私学、真ん中の娘は公立の中学三年生です。学力は上と下の子どもがあります。大は教員、舅と姑も教員で、勉強のできることが何よりも大切という価値観を持っています。学校に行きたくないなどといおうものなら、ひどいことをいわれます。実際、真ん中の子は中学二年の時に学校に行きたくないといい出しました。今、そんな状況でたばこを吸っています。父親には内緒にしていますが困ったなと思っています。

先回りして援助する必要はない

まわりが皆、教員で、そういうプレッシャーを娘さんが感じていて、そのために例えば受験に失敗するということがあっても、それは彼女の責任です。そのようなことが今後あったとしても、何とかしてやらねばと思うことはありません。親が手を差し仲べなくてもやっていけるのだという信頼感を持ってほしいのです。まわりの人たちが、とやかくいったとしても、これはその彼女と他の家族との課題であって、あなたとは直接関係がありません。

もしも娘さんに関わるとするなら「あなたが困ってるのなら、そういってくれたら、できることは援助する」ということはできます。しかし、家族を説得して、自分に対する考え方を変えさせてといわれてもむずかしいでしょう。せいぜい、彼女のメッセンジャーになることができるだけです。こんなことをあの子はいっていたとはいえますが、彼女に代わって、本来彼女の課題を解決しようとしないほうがいいでしょう。

現実問題として、どんな家庭で育ったとか、親がどんな価値観を持っているとか、そんなこととは関係なしに、例えば受験に失敗して困ったとしたら、その時には援助できるかもしれませんが、まだ何も起こってもいないうちから、彼女は困っているだろうと先回りして援助しようとすることはありません。ですから、「何かあったらいってね」といっておいて、当面何もいわないのがいいと思います。

アドラー心理学は決して放任を勧めているわけではありません。時に誤解して、アナーキーな放任状態になってしまっている家庭もありますが、子育ての目標は子どもの自立なのですから、子どもが自力で解決する援助はしても、本来、子どもの課題であり、自力で解決できることを親がすれば子どもは依存的になってしまいます。子どもが何か困ったことをしても、そのことを親の責任だと思って親が何とかしようと思う発想からは脱却してほしいのです。

私の父が横浜に長く住んでいた頃、父は年に数回しか帰ってきませんでした。そんな頃に一時、息子がテレビを見ながら食事をするということがありました。食卓につかないのです。さて、どうしたものか、考えました。私は子どもが食卓につかないことで、実質的には困ってはいませんでした。当時、小学生でしたが、お喋りで、食事中、よく講義をしてくれました。

「人間は死ぬ時に臨死体験っていうのするんだって。それまでの人生が走馬灯のように思い出されて、いろんなことが思い浮かぶ。でも、あれは実は臨死体験じゃなくて、脳の中の大脳の組織に海馬というところがあって、その海馬が……」というような話が延々と続きます。

話はおもしろいのですが、なにしろ食事中なので、ふと意識が話から逸れると、たちまち、息子は「お父さん、聞いてるんか。話、聞いてないやろ。そんなんでよくカウンセラーなんかやってられるな」といわれたものです。息子が食事の時に食卓につかないほうが、ゆっくり食事ができるくらいでした。

子どものこのような行動は、実質的には周囲に迷惑をかけるわけではありません。もちろん、適切な行動とはいえません。実質的に迷惑をかけるわけではないが、さりとて、適切とはいえないような行動をアドラー心理学では「中性の行動」といいます。例えば、授業中に寝ている学生がいるとします。教師としては講義をしているのに学生が聴いてくれないのはうれしくはありません。学生の頭をコツンと叩いて起こしたいくらいではありますが、講義を聴かないで試験でいい成績をとれないとすれば、学生だけが困ることであり、教師や他の学生に迷惑をかけているわけではないのです。しかし、学生が隣にすわっている人と私語をすることは、教師の講義を妨げ、真面目に勉強をしようとしている他の学生に実質的な迷惑をかけます。居眠りは放っておくことはできても、私語は放っておくことはできません。

このような行動に対しては、これを問題にし、改善を要求する権利があります。それでも頭ごなしに叱りつけることはできません。

中性の行動に対しては、本人の意思を尊重し、頼まれもしないのに介入していく権利はありません。子どもがあまり勉強をしているように見えなくても、勉強しなさいとはいえません。勉強するしないは子どもの課題であり、勉強しないことで成績が下がっても親は困らないので、このような中性の行動については、介入しないほうが安全です。

しかし、どうしても介入するというのであれば、本来子どもの課題ですが、子どもと親の共同の課題にしてもいいかという手続きを踏む必要があります。「最近の様子を見ていると、あまり勉強をしているようには見えないが、そのことについて一度話し合いをさせていただきたいのですがいいでしょうか」というふうにです。たいてい、「いやだね」という答えが返ってきそうですが。

もう一点、補足しておくと、限りなく適切な行動に近い中性の行動もあります。自己犠牲的な行動がその例になりますが、これを適切な行動ではなく、中性の行動とするのは、誰かがそれをすることを止めはしないが、同じことを他の人にも強制することは危険だからです。自分の身体を盾にしてでも暴漢から子どもを守れといわれても、実際には、身体がすくんで、腰が立たないかもしれません。たとえそのようなことができなくても、その場に居合わせなかった人がその人を責めることはできません。

話を戻すと、父が帰ってきた時に、子どもが食事の時に食卓についていなければ、何しているんだ、しつけはどうなってるんだというようなことをいわれかねません。たしかに実質的には困っていないのですが、父親からそういうふうにいわれるのは不本意ですし、無責任な子どもを育てているつもりもありません。子どもと対等な関係でつきあっているという自負もあるのですが、食事の時に子どもが食卓につかなければ親が責められますから、どうしたものかと困ってしまいました。

私は子どもにいいました。「おじいちゃんが帰ってくる間、食事の時間、食卓についてくれないだろうか」。こんなことをいっても子どもがいやだねといったら終わりです。子どもはしばらく考えて、じゃあそうしようかなと同意してくれました。

この場合、子どもは親が困っていることを知っているわけですから、こんなふうにお願いしても親の依頼を断るようであれば、そうすることで親を困らせるという仕方で注目されようとしているのです。

父が帰ってきました。すると息子は毎日そうしているかのように、ちゃんと食卓につきました。ところが父がいなくなると、またテレビの前にすわるのです。がっかりしましたが、先にいった理由で静観しました。

数カ月してまた父が帰ってきました。ここで、前と同じことをいわないでおこうと思いました。同じこと、つまり食卓で食事をしてねというと、親子の信頼関係が崩れるからです。どうなったかというと、父が帰ってきたら、毎日そうしているかのようにちゃんとすわったのでした。

やがて、父がいない時でも、一緒に食事するようになりました。叱ったらすぐに食卓につくようになったかもしれません。しかし、強いられてというのでは意味がありません。一人で食事するのもいいけれど、一緒に食事をするのは楽しいと思ってほしいのです。そのことを学んだ息子は、やがて自分の意思で食卓につくことを選ぶようになりました。

夫の帰宅が遅いという相談を受けることがよくありますが、その場合も、家に帰りたいと思えるような努力をするのが先決で、妻が怖いから夫が早く帰ってきたとしても、うれしくないでしょう。

父が帰ってきていたある日、父は友人のところに電話をかけようと思いました。ところがその時、息子はテレビのボリュームを上げてゲームをしていました。これは先の言葉でいえば、実質的に迷惑をかけているわけですから、止めるようにいっていい場面ですが、それでも手続きを踏む必要があります。それなのに父はいきなりテレビのスイッチを切りました。息子は怒りませんでしたが、父が横浜に帰るまで口をきこうとしませんでした。

父が帰ってくるから、食卓についてくれないかというようなことは親の勝手です。しかし、親がそのようなことをいい、子どもがそれをオーケーといってくれるような親子関係を築きたいのです。

ある精神病院の思春期病棟で患者さんたちが夜ごと喫煙をするというので、スタッフが困り果てていました。病院は禁煙ですし、そもそも未成年の人がたばこを吸ってはいけないのです。師長さんは夜ごと、口を酸っぱくして「たばこを吸うのは止めなさい、ここは病院よ、未成年でしょう」といい続けました。こんなふうにいわれて、「たばこを吸ってはいけなかったのですか。知りませんでした」と喫煙を止めるはずはありません。確信犯であるわけです。

非常勤のある精神科医が、ある日、師長さんから、先生からも喫煙を止めるようにいってください、といわれました。彼は、そんなことは引き受けることはできないと固辞していたのですが、再三の師長の説得に負け、ある夜、若い人たちを前に話をしました。翌日から、誰一人たばこを吸わなくなりました。いちばん驚いたのは、師長さんでした。

「先生、いったいどんな話をしたのですか？」

「それはいうわけにはいきません」

彼は決して師長さんにはその夜のことを話そうとはしませんでした。

「いうわけにはいきません。いうとあなた怒るから」

「絶対、怒らないから」

とうとう打ち明けました。

「あのね、こういったんです。師長さんの前でたばこ吸わないでね」

医師のこの言葉を聞いた若い人たちは、いいました。

「わかった。先生にも立場があるやろう。協力しよう」

こんな関係を築きたいのです。子どもとの関係で何ができるかといえば、あまりできることはないのですが、子どもと仲良くなれば、何か協力してくれるかもしれません。

いつも子どもの味方になってください。その際、何度もいうように、子どもの課題を肩代わりするのではなく、子どもに自分の課題を自分で引き受けてほしいのです。そのうえで、必要があれば、できる援助をしたいといってほしいのです。

親が覚悟すれば関係は変わってくる

この質問からは、子どもを向こうにまわそうとしている印象を少し受けます。まわりがどれほど多勢であっても関係ありません。自分はこの子どもの側に立とうと決心するのです。そういうふうに決心したら、いろいろなことが変わっていきます。ところが、多くのお母さん、お父さん方、あるいは、先生方は、子どもにも学校（世間）にも、そのどちらにもよい顔をしようとします。それは無理なのです。子どもの側に立つということは学校（世間）を向こうにまわすことになります。おじいちゃん、おばあちゃん、夫も向こうにまわすことになるかもしれません。しかし、子どものほうに向くのなら、学校（世間）には背を向けないわけにはいきません。それなのに、身体を学校（世間）のほうに向けたまま、子どものほうにも向こうと思って首だけをめぐらせようとするので苦しくなるのです。それでは子どもを援助するのは無理なのです。ですから、きっぱりと世間に背を向けるつもりで、たった一人でもこの子どもの仲間でいようという決心をしてみるのです。たった一人でも仲間がいるということを知るだけでも子どもは変わります。そのうえで、私ができることは何かを子どもと相談しましょう。

そこまで親が覚悟すれば、関係は変わってきます。たばこに関しては、もちろん認めるわけにはいかないのですが、娘さんもわけがあって吸っているのですから、一度話を聞いてみてもいいと思います。そのわけというのは、本人は多くの場合わかっていません。

親は困っていることを率直にいうことができます。未成年は喫煙してはいけないというのは自明のことなので、正論を前面に出すと抵抗にあうでしょう。

思春期の娘さんを持ったあるお母さんがこんなことをいってました。娘さんがたばこを吸うことで何が困るか、何がいやかと思ってよくよく考えたら、自分の友だちが家にきた時に娘がたばこを吸っているのを友だちに見られるのがいやだということに気づきました。そこで、こういいました。

「私の友だちが家にきている時は、悪いけどたばこを自分の部屋で吸ってくれないだろうか」。すると娘さんは、それくらいならしてもいいと協力するようになりました。

まわりの人にたばこを吸っていることを咎《とが》められたり叱られたりしても、これは彼女の課題です。見てしまったら見る前に後戻りすることはできません。彼女は、親がたばこを吸っていることに気がついていることを知っているでしょう。それなら、知っていることを隠す必要はありません。その際、例えば、お父さんや、おじいちゃん、おばあちゃんに見つかった時に、ひどいことをいわれるかもしれないと思うと心配だというようなことを率直にいってもいいと思うのです。そんなことはお母さんが心配することではないという答えが返ってくるでしょうが。「お母さんに何かできることある?」と聞いてみたら、何かいうかもしれないし、いわないかもしれません。何かいえば、その中でできることをやっていくのです。

三人きょうだいの真ん中の子どもは、きょうだいの中でいちばん注目を受けにくいのです。その上のきょうだいも下のきょうだいも勉強ができ、真ん中の子どもだけが勉強ができず、その家庭が勉強ができることにだけ価値があると見ていれば、親の注目を得るために、問題行動を起こすことはありえます。他のきょうだいは勉強ができるけれど、自分はできないとか、他のきょうだいは人気者だけど、自分は対人関係が下手なので競争に負けたと思い込むことがないように、競争を助長させるようなことをいわないことが大切です。先に、子どもがたばこを吸っているわけを本人は多くの場合わかっていないと書きましたが、おそらくは勉強では親に認めてもらえないので、たばこを吸うことで親を怒らせたり心配させたりすることで注目を得ようとしているのです。

親は子どもにそんなことをしなくても、ちゃんとあなたのことを見ているということを伝えてほしいのです。子どもは、何の理由もなく、親を困らせるわけではありません。

アドラーは愛情不足というようなことはいいません。愛情過多な親、愛されているのにもっと愛してほしいと思う愛情飢餓の子どもがいるだけです。甘やかされて育った子どもは、親からの注目を求めて止むことがありません。実際には、十分愛情を受けているはずなのに、注目されたいのです。

そのために、最初はほめられようとしますが、ほめられないと、たちまち親が困ることをします。たえず親からの注目を得たいと思う子どもは少しでも親から注目が得られないと、無視されたかのように思います。無視されるくらいならせめて叱られることで親の注目を得ようとします。ですから、叱ることでは、一時的に行動を止めさせることができても、いよいよ子どもの問題行動を続けさせることになります。

ですから、子どもが親を困らせることをする時、親が子どもにできることは、はめられるために特別にいいことをしなくてもいいということ、問題行動をすることで注目を得ようとしなくても、親は認めていることを伝え、家庭の中に自分の居場所があると感じられるように援助することです。

自分が誰も知らない学校に入った時のことを想像してみてください。不安でならないでしょう。でも、しばらくすると、挨拶をする人ができ、友だちができるようになると、最初は居心地の悪かった学校ですが、ここにいてもいいと感じられるようになります。このように感じられるように援助をし、ここにいてもいいのだと感じられれば、子どもの行動は変わってきます。大人から見て問題だと思えるようなことをわざわざしなくてもいいと思えたらいいのです。

そのためには、適切なところに目を向けることから始めます。適切なことといっても、特別なことではありません。子どもが目下どんなふうであれ、とにもかくにも生きていてくれるということは親にすればうれしいことですから、そのように声をかけることができます。

「あなたが生きていてうれしい」と。朝、遅く起きてきた子どもに「何時だと思っているの」といわないで、「生きててよかった」といってほしいのです。思春期の子どもだったら、何をいわれるかわかりませんけどね。

相談にこられる親は、今、子どもはこんなふうだと子どもについて困ったことをあれやこれやいわれますが、これからのことはわかりません。これからの人生にとって、今の子どものあり方にどういう意味があるのかはわかりません。たしかに今、他の子どもたちに比べたら負けているように見えても、長期的、あるいは大局的に見れば、同じままであるとは考えられません。

むしろ早い時期に、人生に悩み、人生につまずくほうが、学びは大きいのではないかと私は思っていますし、何となく成功して大学に行き、就職し、何となく結婚し、その時、何かのことでつまずくことのほうが大変です。ですから、若い時に、まわりのきょうだいのように順調に学歴社会の中に入っていけなかったとしても、それはそれでいいのではないかと家族の中の誰か一人でも思っていれば、子どもが実際につまずいた時に援助できますし、自分は親たちと同じように、あるいは他のきょうだいたちのように子どもを責めることはしないでおこうと思って生きていれば大丈夫です。とりあえず、どんなことが起こっても大丈夫だと思えばいいのです。

楽観主義で行きたいのです。現実をありのままに見ます。それはまた、ありもしない現実を見ないということです。子どもの今の現実を見れば大丈夫とはいえないかもしれません。しかし、大丈夫ではないけれど、今ある現実を直視し、そして、できることをするということを楽観主義というのです。

似て非なるものに、楽天主義があります。楽天主義者は大丈夫、何とかなるさと結局、何もしないのです。それはいちばん避けたいものです。かといって、何ともならないといって悲観主義に立たなくてもいいのです。悲観主義者は諦めて結局、何もしません。ここで私たちが選べる選択肢は、何とかなるかどうかわからないけど、何とかならないわけではない、とにかくできることをやろうと思って、できることをすることです。これが楽観主義です。

アドラーは、世界は薔薇色であるといったり、逆に、世界を悲観的な言葉で描写したりすることを避け、楽観主義を子どもたちに教えることが大切だといっています。

何が起こったとしても、とりあえずこれは意味があることだとまず思うのです。

無意味なことが人生に絶対起こらないとはいえません。例えば、事故や災難に巻き込まれての理不尽な死に意味があるとは思えないのです。

そのようなことでなければ、その時はわからなくても、つらい経験が後々意味があることがわかってくることがあります。あの時大学にしくじった、でも、よかったと後になって思うようなことはいくらでも人生にはあります。

「よかった」と思えるようになるといっても、自動的にそうなるのではありません。そう思えるように努力するということが前提になります。

あの時あのまま順調にあの仕事を続けていたら、今のこの仕事、この人に出会えなかったというようなことがあります。その出会いを意味のあるものにできるのは、諦めない真剣な努力です。何もしなくてよいわけではありませんし、何ともならないわけではありません。何とかなるのではなくて、とにかくできることをとりあえずやってみたら事態は変わります、必ず。

子どもが学校でいじめられている

質問 小学校三年生の娘が学校に行かないといい出しました。それまでは一度もこんなことはなかったので、何か学校であったのかとたずねたのですが、答えようとしません。問い詰めたらようやく学校で筆箱や上靴などを隠されたりして、友だちにいじめられているということを告白しました。親はどうすればいいでしょうか。

いじめを切り札にする子どももいる

子どもは親がいちばん困ることをします。ある小学生が熱を出しました。あと数日で夏休みになるところでした。その子どもの親は二人とも小学校の先生で、通知表をつけるのに忙しくしていました。熱を出した子どもを一人で家にいさせるわけにはいかず、交代で休みをとらなければなりませんでした。「あと三日したら夏休みになるのにね」と母親は嘆息しましたが、子どもにしてみれば、三日待ってから熱を出しても親が困らないことを知っていたのです。

子どもは親がいちばん困ることを親がいちばん困るタイミングでします。親が困らないようなことはしません。学校の先生の子どもが非行に走れば親は困るでしょう。摂食障害の子どもの親が栄養士さんであったというのも理解できます。日頃から食事のことについて親がうるさくいっていれば、いつも食べることが争点になるわけです。

子どものいじめの問題は対応を誤ると深刻な事態にもなりかねませんから、慎重に見ていかなければならない問題ですが、そういう問題だからこそ親が困ることを知っている子どもがいじめをいわば切り札にして自分への注目を引きつけようとすることがあります。

ある小さな学校でいじめられていた子どもがいました。ある日、子どもの身体にあったあざを見つけた親が問いただしたところ、最初は転んだといっていたのですが、実は叩かれたということがわかりました。親は驚きすぐに学校に連絡しました。教師は家にかけつけました。学校はこのような時にするべき当然のことをしたわけですが、この子どもは大人たちがこんなふうに動いたのを見て、いったい何を学んだかということに注意しなければなりません。

学校でいじめられたという子どもの親によれば、クラスの中に一人乱暴な子どもがいて、その子どもが誰かれかまわずクラスの子どもをいじめるというのです。さらによく聞くと、その子どもはたしかに他の子どもにも乱暴なことをするのですが、ある子どもはその子どもが近づくと逃げ、別の子どもは大泣きをし、さらに別の子どもは職員室に助けを求めて駆け込んだのでした。いじめられたという子どもはただその場に立ち尽くしていました。

こんな状況で、子どもが自分では問題の解決に向けて動いていないのに、親が学校へ行き、いじめる子どもの家へ行って謝罪を求めるというようなことをすれば、子どもは自分は何もしなくてもまわりが動いてくれるということを学んでしまいます。

いざとなったら親は出ていく準備を一方でしつつ、子どもの代わりに動かずに、どうすればいいかを一緒に考えることをお勧めします。さらにいえば、こんなことになる前から、子どもが特別なことをして親の注目を引きつけなければならないと思わないように接することが大切です。

父親と話したくない

質問　私は父と話したくないんです。できたら避けたいです。一緒に住んでいるのですが、話さないといけないのでしょうか。

決心したほうが先に努力するしかない

「いけない」とは思いません。私の場合は「話したい」と思ったのです。ずっとそれまで避けていたからです。そういう時期が二十年くらい続いていました。ある時、この人と話したいと思いました。親というのは年がいくものです。若い父親のイメージしかなかったのです。ところが、ふと見たら、ひどく年老いていました。頭の髪の毛も真っ白で、前よりいくぶん小柄になり、覇気がなくなっていました。前は怖かったのです。かくしゃくとしたというか、パワーのある人だったのに、衰えているというか弱っているというか、父はもうおじいさんなんだと思った時、父への感じ方が変わりました。あまり先がないとも感じたのです。今こうやって会ってるけれど、ひょっとしたらこれが最後になるかもしれないと思うようになりました。

私は、親ときちんと話ができなかったことを後悔した経験があります。母との関係のことです。母は脳梗塞で亡くなりました。脳梗塞という病気のことをまったく知らなくて、もっと年がいってからかかる病気だと思っていたので、四十九歳の母親が脳梗塞になったというのに病気についての知識がまったくなかったのです。

脳梗塞は予後はわりといいのです。入院した次の日からリハビリを始め、回復は早く、これならすぐに治るだろうと楽観していました。ところが、一カ月経ってトイレで倒れてからは急激に悪くなりました。最初に救急車で運び込まれた病院では十分な治療ができず、脳神経外科がある病院に変わりました。意識状態は日毎に悪くなり、とうとう意識がなくなりました。意識がなくなって二カ月後亡くなりました。

その間、私は夜の十二時から夕方の六時まで一日十八時間病床に付き添いました。これを二カ月続けた時、もうだめだと思いました。こんなことをしていたら自分の身が持たないと思ったのです。そう思ってほどなく母親が亡くなりましたから、あんなことを思わなかったら、もう少し生き延びてくれたのではないかと思ったのが一つです。

それから、これは意識があった時のことですが、その頃は母はわがままでした。今すぐアイスクリームを買ってきてというようなことをいうのです。あの頃のほうがまだよかったと今なら思えるのですが、その時は、大学院に行かずに休んで病院にきているのに、そんない方はないだろう、といって腹を立てていました。

その後、意識がなくなり、二カ月間横にいた時、まだ元気で意識がしっかりしていた間にもっとできることがあったのではないかという思いがずっと尾を引くことになりました。結局、最初に倒れてから三カ月くらい看病のために病院で暮らすことになりましたが、最期の日に母の友だちが代わってくれたのです。「大変だろうから、今日は私が見てあげるから控え室で休んでたらいい」といわれました。それで家族の控え室に行って横になっていたら、しばらくして電話がかかってきました。容態が急変したからすぐにきなさいといわれました。すぐに駆けつけましたが、母はもう死んでいました。

後になって、母の死からそんなにすぐのことではなかったかもしれないと思い当たりました。もう看護師さんがチューブを外し、針などもすべて外した後で、ちゃんと清拭してもらった後だったからです。こんなにも長い間、母の側にいたのに、最期の時、看取ることができませんでした。このことを私は父にも妹にもいえませんでした。本当のことをいうと、父に叱られると思ったのです。父を信頼できていなかったからです。父も最期を看取れなかったわけですから、私がいなかったことを残念には思ったでしょうが、病院にいたのに何をしていたのだというようなことはいわなかったと思うのです。非難されると思ったことは、その頃の父と私の関係をはっきりと示しています。

こんなことがあったので、父とは喧嘩をするかもしれないけど、ひょっとしたらこれが最後かもしれないから、話ができる時は話をしたいと思っています。母の時のような後悔をしたくないのです。

父は狭心症を患っていて、カテーテルを狭くなった冠動脈に通し、風船で膨らませ、後にステントという筒を入れる手術を受けました。これは局所麻酔で行い、心筋梗塞になる前なら数日で退院できるような手術ですから、難易度が高いわけではありません。

ところが父は容態が悪くなり、夜中に電話が病院からかかってきました。着いたのは早朝でしたが、その日は、深夜十一時までずっといました。その間、父はずっとハイテンションで話し続けました。

常は父と二人きりになるといつも緊張していました。しかし、この時は病院という場でのことだったからかもしれませんが、父と長く話ができたことで、父との関係、父への私の見方が変わってきていることを知ることになりました。

それまでの関係がどうであれ、関係を変えることは不可能なことではありません。ただし、親子関係であれ、夫婦関係であれ、どんな関係においても、関係を変えようと決心したほうが先に変わる努力をするしかありません。しかし、その関係は二人が築くものですから、一方が変われば相手も変わらないわけにはいきません。

このような決心をすることが今すぐできなくても、この人とは絶対、今後いっさい関わりを持たないでおこうと思い込まないで、後になって関係が変わることになっても驚かないでおこうという気持ちの準備はどこかでしておいていいでしょう。

どんな関係もむずかしいのですが、実の親との関係が最後まで残ります。カウンセリングにこられる人は、だいたい子どものことでこられるのですが、子どもとの関係は、比較的やさしいのです。目下、子育ての渦中にある人には、そうは思えないかもしれませんが。子どものことが問題だと思っていたのに夫婦関係が問題だったことに気づくのが第二段階です。しかし、夫婦の場合は、うまくいかなかったら別れるという方法がないわけではありません。もちろん、それを最初から勧めることはありません。

ところが、親子関係は切れないのです。子どもがもう親はいらないといってみても、親子であるという事実は消えません。自分の実の親とのつきあいは、最後まで残りますし、この関係が修復できないとすれば、まだまだ課題を抱えているということになります。たとえ、修復しなければならないような関係でなくても、親が子どもから、また子どもが親から自立できていないということもあります。

私がまだ三十歳代の頃は、あまりよくわからなかったのですが、友人がこんなことをいっていたことを思い出しました。アメリカで勉強していた時に、彼は父親のことを強く強く思い出しました。そこですぐにアメリカから父親のところへ電話をしました。それで和解し、関係を修復したというのです。

この話を聞いた時、母は亡くなっていて、私は、父との関係が私の目の前に立ちふさがっているように思っていました。個人的には、私にとっては父との関係が残りましたが、母との関係、また両方の親との関係を解決できずに残している人もあるかと思います。

親子が関係を修復し自立できるためには、先にも書きましたが、親子であっても役割分担の仮面を外すことができなければなりません。この人は私の親だと思い、これまでのいろいろな出来事を忘れることができないので腹が立つこともあります。役割を越えて、利害関係を離れて親子が関わっていけるかどうかが問題です。

年老いた親が心配

質問　遠くに暮らす実家の両親が年老いてきて、不自由はないか心配です。仲良く過ごしてはいるようですが、私はどうしたらいいでしょうか。

この人と初めて会うのだと思えばいい

まずは、何かできることがないか、たずねることから始めるしかありません。実際のところは、離れているとできることはあまりありません。頻繁に電話をかけて様子をたずねるということはできますが、それも仕事と生活に追われ怠りがちになってしまいます。気づいた時には介護が必要になっているということは、多くの人が経験していることです。

現実的な話をするならば、その時こそは心配だけでは足りなくなりますから、それまでは心配しないで、自分の生活と仕事を充実させることに専念するというのも一つの考え方ではあります。

ある頃から、一人で暮らしている父が電話をしてくるのですが、その父の声が弱々しく、身体の不調をしきりに訴えるので、電話を切った後いつも心配になりました。ところが、その後、私のほうが心筋梗塞になって入院しました。

振り返れば、この頃の父は元気でした。退院する時に車で迎えに行こうとまでいってくれました。子どもの病気のことで貢献できることがあると感じられたので元気になれたのでしょう。子どもが病気になって元気になるというのは好例にはならないでしょうが、もう子どものことは何も心配することがないというよりは、いつまでも心配であり、場合によっては、子どもの生き方に不満があって怒りを感じたり、不安だったりするほうが、親は元気でいられるようにすら見えます。

老いていく親のことで、十分ではなくても、先のことを見越して今からできることはあります。子どもが病気になって熱でぐったりしているような時、親は、常は元気すぎて手に余ると思うこともありますが、今はとにかく一刻も早く回復してほしいと思います。どんなふうであっても生きていてほしいと思います。このような思いを病気になった時だけではなくいつも持ちたいのです。

老いた親と接する時も同じです。何かができることに価値を認め、それに注目する人は、昨日できたことが今日はできなくなるかもしれない親には声がかけられないことになってしまいます。

しかし、何もしていないように見えていた親が、家族がどこかぎくしゃくした時に実は家族に貢献していて、家族のいわば統合の象徴だったことに、死後初めて家族が気つかれるということがあります。

生産性で人間の価値をはかることを常としてきた人は、年老いて自分が何もできなくなった時、悲しくなって現実を見ないでおこうと決心することがあります。認知症の心理的な背景がここにあります。ですから、親の貢献に家族が気づきそのことに注目して声をかけるようにしたいのです。元気にしていてくれてうれしいという声を少なくとも今はかけることができます。

父はその後一人では暮らすことができなくなり、介護が必要になりました。母と四半世紀暮らし、私が生まれ育った家に戻ってきましたが、過去のことをすっかり忘れてしまいました。子どもの立場からすれば、これまでの確執が解決されていないのに、一方的に過去のことを忘れるとはフェアではないようにも思うのですが、親がこれまでのことを忘れてしまったのであれば、こちらも過去のことを忘れてつきあうしかありません。

今は父は私のことを覚えてくれていますが、たとえ私のことがわからなくなっても、私の父への接し方は基本的に変える必要がありません。今日この人と私は初めて会うのだと思えばいいのです。

これが簡単なことではないのはわかっています。今日、私はこの瞬間においてこの人と初めて会うのだと思って、一日を始めます。その時、過去はもはやありません。このように思って親と関われるように、できれば早い時期に親との関係を、もしも必要があれば、改善する努力をしておけば、介護を要することになった時の心理的な負担は違ってくるように思います。もちろん、準備ができないまま介護をする日がきても、手遅れということはありません。

義母がいわれのないことをいう

質問　義理の母がいわれのないことでいろいろいってきます。思ってもみないことをあれこれ勝手に思いめぐらして電話してくるのですが、腹が立ってどうしようもありません。権力争いをしたくないから降りるのですが、やっぱり腹が立ちます。そのイライフをどう処理したらいいのでしょうか。

「でも、私はそうは思いません」

自分が正しいと思っているうちは怒りは収まらないでしょうね。たとえ怒りの感情が表面に表れていなくても、自分は正しいと思い、相手が間違っていると思っている間は、一触即発の状態です。

私は、今、正しいと思っているけれど、絶対に正しいわけではないかもしれないとまず思ってみること。それから、私は正しいと思っているけれども、ある人が見たらひょっとしたら正しくないのかもしれないと思うことが大切です。

自分は絶対に正しいと考えて権力争いにならないように、こんなふうにいってみませんか。「お義母さんは、そんなふうにお考えなのですね」と。そして、こう続けます。「でも、私はそうは思いません」。理解するということと賛成するということは別のことです。あるいは、「いわれることはわかりますが、賛成できません」ともいえます。もちろん、時には、理解すらできないこともあります。賛成できなくても、理解できなくても、少なくとも理解しようとする姿勢が伝われば、相手の考えを否定していないことは伝わるでしょう。

このケースでは自分が正しいことは確実にわかっていることでしょう。それなら腹を立てる必要はないのです。相手が正論をいうと腹が立つことがあります。「勉強しなさい」と親からいわれた子どもは怒ります。一つは、勉強する、しないは子どもの課題なのに、親がいわば土足で踏み込むからです。対人関係のトラブルは、人の課題に土足で踏み込むか、自分の課題に他の人から踏み込まれることから起こります。親は「子どもはまだ？」などという言葉を深い思慮もなくかけますが、子どもをどうするかということは夫婦の課題であって、親の課題ではないのに、土足で踏み込まれたような気がするのです。

もう一つは、子どもが事実勉強していれば、親に勉強しなさいとはいわれないでしょうし、いわれても勉強しているといえばいいのです。しかし、勉強していなければ、親の勉強しなさいという言葉は正論で、その指摘は的外れではないので、自分が勉強していないことを認めたくない子どもは怒るわけです。

この場合、子どもは自分で解決し、自分で自分の行動によって起こることの責任を引き受けるしかないのです。ですから、親のいっていることが的外れであれば聞き流し、当を得た指摘であり自分でも改善の必要があると思うのであれば、自分の課題に踏み込まれた不快さはおいておき、するべきことをすればいいのです。

自分のことを悪くいわれたからといって悲観することはありません。そんな人は世の中にはどこにでもいるものです。まわりには、私たちについて正しく評価しない人、きちんと自分のことを見てくれない人はたくさんいます。何をしても、自分について悪い評価をする人、歪んだ見方をする人は、職場でも一人や二人はいます。

他方、自分のことを認め、好感を持ってくれる人がいることも事実です。こういう人は多いわけではありません。どちらでもない日和見の人、時々で態度を変える人ならいくらでもいます。つきあっていきたいのは、このような人ではなく、まして自分を嫌いな人ではなく、自分を認めてくれる人です。自分をよく思わない人に限って、その人のことがいつも気になってしまいます。そして、心が乱されます。

しかし、おそらく相手はこちらのことをそれほど思っていないでしょう。また、自分では自分の発言が他の人の神経を逆なでしていることに気づいていない人もあります。母の病床に付き添っていた時、「あなたは息子なんだから、これくらいしても当然だろう」という人もありましたし、「学校に行ってなくてよかったね、お母さんの世話ができてよかったね」という人がありました。少しもよくなかったのです。大学院に入って、さあこれからと思っていた矢先に、学校に行けなくなって悔しい思いをしていたのでした。そのような人のことで心を煩《わずら》わせ、怒ったり落ち込んだりすることはありません。そんな人のためにエネルギーを使うのは不毛です。そんな人のことで自分の人生が楽しくなくなるのはごめんです。

さらにいえば、そういう人が世の中にいるということが、自分にとっては意味があることです。というのは、自分の生き方が一貫している、自分が自分の方針に従って生きているということの証《あかし》だからです。自分の信念に従って自由に生きているからこそ、自分のことを悪くいう人がいるのです。だから、自分のことを嫌う人がいるということは、自分が自由に生きているということの証であり、自由に生きているということの代償ですから、それくらいのことはしかたありません。

見方を変えていえば、自分のまわりに自分のことを悪くいう人は誰もいません、という人は非常に不自由な生き方をしているはずです。皆にいい顔をしているからです。そういう人は人生の方向性が定まりません。絶えず他人の顔色を気にして、他人に気に入られることをいっているわけです。だから誰も自分のことを悪くいわないし、敵もいない人は不自由な生き方をしていることになります。

どちらかを選べといわれたら、私なら自分のことを嫌う人がいても、自由に生きるほうを選びます。

以前、ある医院に勤務していたことがありました。激務で、とうとう身体を壊してしまいました。その時、院長に、勤務時間以外の仕事が立て込んでいて、そのために過労になっていたのではないかといわれました。平日は多忙で、家に帰れば眠るだけという生活でした。朝早く家を出、夜遅く帰ってくる毎日だったので、後に娘から「あの頃はどこに行ってたの」といわれたほどでした。

仕事そのものはやりがいがあって満足していたのですが、勉強しなければ自分が枯渇してしまうように思いました。プライベートという言葉のもとの意味は、「奪う」ということです。つまり、公の時間から自分の時間を奪うという意味です。自分の時間は努力して奪いとるくらいの気持ちがなければ持てないわけです。

そこで休みの日は、少しずつでしたが、翻訳をすることにしました。仕事とはかけ離れた本を翻訳していたのではなく、神経症や精神病に関する本でしたから、翻訳することは、カウンセラーとしての仕事にも有用だったはずです。ところが、それが過労の原因になっているといわれました。休みの日にゴルフをするというのであればよかったのでしょうか。何もせず怠惰に過ごすことこそ、必要なことだったのかもしれません。

しかし、休みの日まで自由に過ごせないというのであれば、この先仕事を続けることはできないと思いました。もちろん、生活がかかっていたら、仕事が大変でたとえ不満があっても、自分の時間を持つために仕事を辞めることなどできないといわれそうですが、一度しかない人生をいったい自分以外の誰のために生きるというのかと考えました。これくらいの覚悟がなければ自由を手に入れることなどできません。

こんなふうに書くと、何の迷いもなく潔く辞めたように聞こえるかもしれませんが、実のところ、身体を壊したのも、過労ということもありましたが、本当は仕事を続けたいのに、病気になったからしかたなく辞めるというふうにしたかったのかもしれないと、今はその頃のことを振り返って思います。

もちろん、精密検査を病院で受けました。結果は異常なしでした。若い医師は私に「手の施しようがない」と宣言しました。何の治療を受けることもなく病院を後にすることになりました。あの医師は「カウンセリングを受けなさい」といいたかったのかもしれません。原因はなくても異常はたしかにあったわけですから、安易に「心因性」というような言葉を使ってはいけないとその時思いました。

こうして辞めるきっかけを失った私はある日、病院からの帰りに階段で足を踏み外して捻挫し、ようやく辞めることができたのですが、痛い思いをしなくても、ただ辞めたいといえばよかったのです。全治するまで三週間医院を休みました。私がいなければ医院はまわっていかないと思っていたのに、そんなことはありませんでした。職場に復帰する日の朝、妻が駅まで車で送ってくれました。

その時「仕事を辞めようと思う」と妻にいったところ、彼女はこういいました。「きっとそういうだろうと思っていた」。

あえて苦手な人とつきあってみる

話を戻すと、お義母さんのほうも大変で、エネルギーが必要なはずです。なぜなら、お義母さんはあなたに文句をつけるために、四六時中、あなたのことを考え続けなければならないからです。ですから、向こうは向こうの課題として、ありもしないことをいえばいい、でも、自分はそのことに左右されないで、お義母さんのような人がいるのは、自分は自由に生きているからだと思って強く生きていってほしいです。自分は人に嫌われるほど影響力を及ぼしているのだと嫌われることが快感になるくらいまで、嫌われてみようと覚悟していれば、実際にはおそらく覚悟していたほどには嫌われることはありません。

ところで、なぜお義母さんとの関係で、心を乱されるのでしょうか。もしもお義母さんに理解されることを期待しないのであれば、お義母さんによって心を乱されることはないはずです。それなのに、親との関係が権力争いになるとすれば、正しさに固執するからですが、実は、それだけではありません。

もしも考えの正しさだけが問題なら、間違いを指摘されても、なるほどそうなのかと思えばいいだけなのですが、間違いを認めるのが悔しいのです。負けたと思うのです。あるいは、非難されたとか批判されたと思ってしまいます。話の中身よりは、話をする時の対人関係に関心がある人にとっては、何が話されているかよりも、誰と話しているかが関心事です。

ですから、同じように間違いを指摘されても、平気な人もいれば、人格を批判されたと思って落ち込んでしまう人もいます。語られる中身にだけ注目し、それを誰がいっているかに注目しなければ、いわれていることが正しくなければ聞き流せますし、自分のほうに非があることがわかれば、必要であれば謝ればいいですし、間違いを正せばいいだけのことです。

もう一つの考え方としては、あえて苦手な人と向き合ってみるということもあります。父との関係では、私はこれを選びました。

まず、お義母さんがいつもいつもあなたのことを悪くいっておられるわけではないことに、気づいてほしいのです。いつも、あらゆる面で自分のことを悪くいう人がいると思い込むのは、陥りやすい誤りです。いつもではありません。気がつかないだけです。あるいは、認めたくないだけです。自分のことをよく思ってもらえている時があるのかもしれないと、お義母さんとの関係を見直してみるのです。

お義母さんと仲良くするかしないかという決心は自分ができます。自分しかできません。もしも仲良くするのなら、お義母さんのいい面を見ていく必要があります。尊敬しようと決めます。私が尊敬するのであって、相手に自分を尊敬させるわけではありません。そんなことは人に自分を愛させるのと同様不可能なことです。

そして、相手ではなく自分のほうに改めるべきところがあるかを見直すことです。相手が怒ってもしかたがないようなことをしていることはあります。挑発するようなことをいったり、感情的になって相手をののしったりするようなことです。

そのうえで、その人と一緒に暮らすのであれば、尊敬するしかありません。人を尊敬するのに理由はいりません。人を嫌うのに理由がいらないのと同じです。お義母さんは、「いわれのないこと」であれこれいってこられます。お義母さんがあなたのことを嫌うのにも理由はいらないということです。つまり、あなたを嫌おうと決めているわけです。

いやな人（正確には、いやな人と見なしている人）とつきあう時に、この人はいやな人だと思ってつきあい始めると、その人とのつきあいはそういうつきあいにしかなりません。

子どもでも、パートナーでも、親でも同じです。朝起きた時にほとんど無意識といっていいくらい同じメッセージが頭の中に流れてきます。「ああいやだなあ、今日もあの人と一緒なのか」と、思ってしまいます。「ああ、うっとうしいな」と思ってしまいます。そう思ったら、実際、そうなります。実際そうならなかったことが起こっていても、例外としか思えません。

相手を尊敬する場合は、こんな長所があるからというのではないのです。自分がいちばん尊敬する人だと思ってつきあってみるのです。そのように思ってつきあっていくと決めると、言葉遣いから変わってきます。
義理のお母さんとどんなふうにつきあっていくかはあなた次第です。

親が干渉する

質問　つきあっている人がいることが親にバレて、学生の間は恋愛はだめといわれました。どうしたらつきあうことを許してもらえますか。誰と何をしに行ったかとか、誰と遊ぶのとか、いちいちいわなくてはならず、遊んでいる時も頻繁に連絡してこいとうるさいのです。バイトの給料まで親が管理しているありさまです。私のことを考えてそんなことをしていると思うのですが、もう高校生でもないのに耐えられません。

子どもの課題、親の課題

たしかにあなたがいわれるように、親が、高校生でもないのに、あるいは高校生であっても理不尽な仕方であなたを束縛しようとするのは、子どものためだと信じているというのは本当です。たとえそうすることが子どもの不興を買うことであってもです。

実際には、いつまでも子どもだと思い、いつまでも子どもでいてほしいと思っていたのに、子どもが親から離れていこうとするのを見たくないのです。本当は子どもの時でも親は子どもを自分の思うとおりにするわけにはいかなかったはずなのですが、今やいよいよ子どもが自分の手を離れていこうとしていることを認めないわけにはいかないのに、その抗えない流れにストップをかけようとして、子どもの生活のあらゆる面で子どもを束縛し、そうすることで子どもを支配しようとしているのです。

恋愛をするとか、結婚するというようなことは、子ども自身が責任を負うべきことで、たとえ失敗してつらい目にあうことになったとしても、子どもが困ることではあっても、親は本来的には困らないはずです。

およそあらゆる対人関係のトラブルは、人の課題にいわば土足で踏み込むことから起こります。恋愛はだめとか、誰とどこで何をするかについて親が把握しようとすれば、子どもが親に背《そむ》くのは当然のことです。

三人の娘さんの父親がいました。今の質問をしている人と同じようなことを子どもたちにしようとして反発されました。「娘さんたちのことが心配で心配でならないのですね」といったら、素直に認められました。

出発点は悪意ではなかったのです。ところがその心配という気持ちをどうしていいかわからなかったのです。

私も思春期の娘がいますから、帰りが遅ければ心配です。しかし、その心配を子どもに解決させることはできません。なぜなら、それは親の課題だからです。本来的には、親が自分で何とかしなければならないのであって、この私の心配を何とかしなさいと子どもにはいえないのです。

「でも、心配しているということが、子どもさんたちには通じなくて困ってられるのですか」といったら、その父親はそうだと答えました。親はどうしていいかわからず、親が心配するようなことを子どもにさせなければいいのだというふうに考えます。しかし、そんなふうに子どもを支配しようとする親は、子どもにすれば権威的な親にしか見えません。そこで子どものほうも反発することになります。

親に反抗してしまう

質問 私は権威的な親に対して反抗的になり、いつもいい合いになってしまいます。どうしたらいいですか。

親が自分で何とかするしかない

私は、若い人にはたとえ親のすることがおかしくても、親に反抗することは勧めません。親は子どもをいつまでも子どもだと思っているのに、他方で、子どものようなことをいってはいけない、早く大人になれというようなことをいいます。いっていることに一貫性がないことがわかっていません。親と顔を合わせれば喧嘩になるということもありますし、親と口を利かないという若い人もいます。

一年近く親と口を利かないことがあったという話を聞き、驚いたことがありますが、エネルギーがいりますから、このような仕方での反抗を勧めるわけにはいきません。

七年半の間ずっと無言電話がかかってきたという先生がいました。ある日、教え子の顔が思い浮かびました。その夜もいつものように電話がかかってきました。電話をとると無言。先生は、受話器に向かって教え子の名前をいいました。「○○君だね」「……はい」。こうして二人の間に沈黙ではなく、交流が始まったわけですが、失礼ながら先生はあまりに鈍感であると思う一方、生徒のほうもそんなに長く無言電話をかけることはなかったと思うのです。

私は、親に自分の人生について干渉しないでほしいということをはっきりと言葉で主張するしかないように思います。私の人生なのだから、私が自分の責任で生きていくといえばいいのです。このように主張することを反抗と見る親もいるかもしれませんが、親が泣こうが逆上しようが落ち込もうが、親が自分で何とかするしかないので、子どもは親のことを気にかけることはありません。

「言葉で主張する」と書いたのはわけがあってのことです。感情的な仕方で主張すれば、親との関係をいよいよむずかしくしてしまうことが予想されるからです。ある時、息子にたずねたことがありました。

「君はいつもそんなふうに率直に話すけど、どうなんだろうね」

息子はこう答えました。

「でも、そのほうがはっきりしていいだろう?」

言葉を使って主張すれば、はっきりと伝わります。言葉を使わなければ、伝わらないということです。伝わっても、それを相手が受け入れてくれるかどうかはわかりません。しかし、たとえ、親がそれを聞いて感情的に反発しても、同じように感情的になって泣いたり、怒ったりする必要はないのです。

これから先、結婚しようと思う人が現れるでしょう。その時、たいていの親は反対するか、強く反対しなくても、初めから手放しで喜ぶ親は少ないように見えます。かつて自分たちも親から反対されたことを忘れてしまったかのように、先々の生活についてどうするのかというようなことを問いただしたりするわけです。誰と結婚するかということは、子どもの課題ですから、親が本来介入してはいけないし、介入できないことです。

最初から、若い人は親が反対したり、悲しむことを想定しておいてもいいくらいです。自分の好きな人と結婚して親が悲しませたり怒らせるか、あるいは、自分が好きな人と結婚しないで、親が悲しんだり怒ったりしないという二つの選択肢しかないと思っておくということです。好きな人と結婚し、親も悲しまないということはありえないのだと思っておくのです。そうすれば、親が悲しんだり怒っても、予想できなかったことではないので、台風が過ぎ去るのを待つかのように、しばらくの間、親の混乱状態が収まるのを待っていればいいのです。

当然、自分の人生なのですから、親を悲しませないために、自分の好きな人と結婚しないとか、親が勧める結婚をするというような選択肢はありえないと私は思うのですが、中には親を悲しませないために好きな人との結婚を諦める人があります。親が、子どもに「あなたのためを思って」という場合の逆のパターンといえます。

このような選択をすることにはわけがあります。親のために好きな人との結婚を諦め、別の人と結婚したというような場合、そのことを将来後悔するかもしれません。もしもあの時、親のいうとおりにしなければよかったと思った時、結婚がうまくいかなかったことを親のせいにすることができると考えるのです。もちろん、親が反対したとはいえ、自分の思いを貫かなかったことは子どもの責任です。

親の立場の人には強くいいましょう。親からすれば子どもが危うい決断をしようとしているように見え、子どもに口出しをし、子どもの人生に口を挟みたくなることもあるでしょう。しかし、子どもの課題に干渉すれば、子どもが本来引き受けるべき責任が親に転嫁される怖れがあります。子どもの無責任を助長するのは止めましょう。

親が子どもの結婚に反対するという話はよく聞きますが、子どもの人生に干渉し、子どもの結婚に反対できることに私はいつも驚きます。親が結婚に反対し、子どもが後に不幸になれば、そのことの責任を親はいったいどうやってとれるのだろうと思うのです。

もちろん、子どもは親に反対されたことで、自分の決断を撤回したのであれば、その責任を引き受けなければならないのですが、親が勧めた結婚がうまくいかないからといって親を責めることはできません。

親の反対を押し切って結婚がうまくいかなかった時も同じです。自分しか責任をとれないことには変わりはありません。親に反対されてやめられるような結婚なら初めからしないほうがいいでしょう。

以上のことを念頭に置いた上で、親は、子どもを追い詰めないことが大切です。子どもが親の反対を振り切って結婚し、実際、親が怖れるような事態が後に起こった場合、子どもにいっは戻ってくるところがなくなってしまうからです。これから結婚生活を始める子どもにいってていいのかはむずかしいところですが、もしもうまくいかなくなったらいつでも戻ってきていいよというくらいの余裕が親にあれば、子どものほうも最初から気負いすぎることはないでしょう。

門限が早すぎる

質問　門限は何とかならないでしょうか。八時が門限など、親は遅い時間と思っているようですが、講義が終わってまっすぐ帰っても、ぎりぎりになってしまいます。父は当然そんな時間に帰っているはずもなく、毎日帰ってくるのは遅いです。

ルールは本来、共同体を維持、運営するためのもの

親と交渉するとしましょう。親が門限を決めようとすることをあえて好意的に見れば、帰りが遅くなることが心配だからです。何時に帰るかということがわかれば、それだけで親は安心します。

これは料理をする親にとってもありがたいことです。何時に帰るかがわかっていれば、可能ならその時間にあわせて食事を作ることができます。夕食はいらないという連絡があると、助かります。子どもが食事はいらないとわかっていれば、メニューから変わってきます。

本当は門限はルールにすることはできないのです。その理由は後でいいますが、もしも門

限をルールにするのなら、時間は違っても、大人にも子どもにもあるべきです。時間は違ってもというのは、子どもが小さければ大人と同じ時間を門限にすることはできないからです。小学校一年生の子どもの門限が十時ということはありえません。責任をとることができないからです。ですから時間は違うでしょうが、門限が子どもにはあるのに、大人にはないというのはおかしいのです。

それにルールというのは、本来どこかに書かれていなくてはなりません。いつの間にか知らないうちに決まった、しかもどこにも明記されていないルールなどありえないのです。そのようなものであれば、大人がいつでも恣意《しい》的に決めることができます。

なぜ門限をルールにできないのでしょう。ルールにできるのは、ある行いが例えば家族という共同体の成員の全員、もしくは大多数に実質的に迷惑が及ぶ場合です。例えば、夜中に大きな音で音楽を聴くというようなことについては、十時半以降は音量を下げるというようなルールを決めることは可能です。しかし、親が気に入らないからといって、ロックは聴いてはだめというようなことはいえません。

結末が本人にのみ及ぶ行為、例えば、夜、遅くまで起きているというようなことについては、ルールにすることはできません。九時半には自分の部屋に戻るということであれば、ルールにすることは可能です。もしもそのことを皆が納得すれば、子どもに夜は早く自分の部屋に入ってほしいと親が希望すれば、親の都合なのですから、親は子どもにお願いするというスタンスでこれをルールにすることに協力してほしいというしかありません。

ところが、多くのルールは、先の門限のように、大人が子どもを支配するために作られているとしか思えないものが多いのです。ルールは本来、共同体を維持、運営するために設けられるものです。それなのに、多くのルールはこの目的とは何の関係もないものが多いのです。

夕食の時間に間に合うように帰れなければ、何時に帰宅するかをメールで連絡するというルールはこの目的にかなっています。

しかし、例えば、多くの校則が共同体の維持、運営という目的とは関係がないように見えます。廊下を歩く時は、壁から三十センチ離れるとか、廊下を曲がる時は直角に曲がるというようなルールです。このようなことには合理的な根拠があるとは思いません。恋愛は成績が三十番以内の生徒に限るというルールは笑止です。成績が下がったら、つきあいを止めないといけないのでしょうか。

先にアドラー心理学でいう中性の行動について問題にしました。中性の行動については、その結末は本人にのみ及ぶので、本人の意思を尊重しようといいましたが、それでも大人が介入したい場合がないわけではありません。ところがその方法が上手ではないので、子ども、とりわけ思春期の子どもたちは大人に反発してしまいます。

どうすればいいかといえば、まず頼まれもしないのに介入しない、どうしても介入したいのであれば、何かできることはないかというしかありません。援助の申し出に対して、援助してほしいという同意が得られたら、それが本来は子どもの課題であっても、子どもと親の共同の課題になります。共同の課題にする手続きをしないで、いきなり課題に踏み込むようなことをすれば、援助することができません。

このようなことは親子関係についてだけではなく、教師と生徒との関係でも問題になります。親は、実際にはそういう人は少ないかもしれませんが、勉強は子どもの課題なので、子どもが勉強しなくても静観することは可能でも、教師の場合は、子どもが勉強しないからといって、それは子どもの課題であり、勉強しないことの責任は子どもにあるとはいってはいられません。やる気のない生徒がいれば、何とか働きかける必要があります。また、医療の場面では、例えば、服薬は患者の課題ではありますが、服薬の指示に従わないことが患者にとって致命的であることが予想されるのに、服薬するかしないかは本人の意思を尊重するといってすますことはできないでしょう。

中性の行動に対しては、次の三つの方法で対処することができます。

まず、自然の結末に委ねることです。ただし、結末が致命的な時にはできません。道路に急に飛び出せば、車に轢《ひ》かれることを、一度経験すれば学ぶというわけにはいきません。私の息子が冬でも半袖、半ズボンで過ごしていた時期がありました。靴下も履こうとしませんでしたから、保育園まで自転車で行く途中で、何人もの人に声をかけられました。

もちろん、何を着るかは子どもが決めているというようなことをいっても、わかってもらえませんでした。人に何をいわれても、それは親が何とかすればいいわりですか、親が恥ずかしいから寒い時は長袖を着なさいというようなことはいえないわけです。ある日、気がつきました。息子は、本当に寒い時には、自分で厚手のTシャツを出してきて着ていたのです。自立するというのはこういうことを指していいます。

若い人はよく親が過保護で困るといいます。これも子どもを縛るということです。親が過保護だと子どもは自分のことを自分で決められないことになります。

私自身の経験でいえば、雨の日、母がレインコートを着ていくようにやかましくいったことを思い出します。

小学生の時のことです。田んぼの中の何も遮るものもない一本道を雨風が強い日に歩くと、傘だけではずぶ濡れになってしまうということが実際あったのです。ところが、その頃は集団登校をしていて、皆が集まる場所は町中にあり、そこまでの道での雨風が嘘のように勢いを弱め、誰もレインコートなど着ていませんでした。レインコートを着ていることを誰かが実際に笑ったというようなことがあったという記憶はありませんが、恰好が悪いと思ったのでしょう。母がレインコートを着ていくことを強いたことは、当時私には、過保護に思えました。こんなことがあったので、私が親になった時は、過保護にならないでおこうと決めていたのです。

二つ目の方法は、社会的結末に委ねることです。例えば、私が行っている大学では、十五回の講義のうち、五回欠席すれば試験を受けることができません。ですから、教師は学生に講義に出てくるようにうるさくいわなくてもいいのです。

ただし、結末をルールに委ねることができるためには、ルールが適切であり、適切に運用されていることが条件です。

まず、ルールの制定に全員が参加したか、少なくとも参加したという意識がなければなりません。知らない間にできているルールは守られません。

次に、例外や特権階級があってはならないということです。ルールを守らなくてもいい人がいれば、守る気になりません。子どもには門限があっても、大人にはないというような場合、子どもは守ろうという気にはなりません。時間は違っても、子どもに門限があるのなら、大人にもないとおかしいのです。

第三に、先にも見たように、ルールが共同体の維持、運営という目的にかなうことが必要です。実際には、その目的とは関係のない、ただ大人が子どもを、教師が生徒を支配するためとしか思えないルールが多いのです。

中性の行動に対処する三つ目の方法は、実際に結末を経験する前に、話し合いによって結末を予測する援助をすることです。例えば、勉強をしない子どもに「このままだとどうなると思う?」というようなことです。この方法は、小学生以前の子どもには危険です。子どもたちは、わかっているようでわかっていないことがあるからです。また、中学生以上にもこのようないい方をすることはむずかしいでしょう。「このままだとどうなると思う?」というようないい方が、威嚇や皮肉、挑戦に聞こえるからです。逆にいえば、そのようにとられない関係を築くことが、子育ての目標といえます。

そのためには、まずこれは誰の課題なのかということを見極める必要があります。誰の課題かわからなくなってしまっていて、自分の課題ではないのに他の人の課題に土足で踏み込んだり、自分の課題を他の人に解決させようとして、対人関係を悪くしています。カウンセリングでは、誰の課題かということをきちんと整理することから始めます。これができれば、ほとんど問題は解決してしまっているといっていいくらいです。

とはいえ、誰の課題かをきちんと判断することは、最終的な目標ではありません。人は一人で生きることはできません。協力して生きることこそが最終目標です。そのための課題の分離です。

親は子どもが小さな時からずっと見ていますし、小さな頃は自力では何もできないのです。ですから親は子どもの世話をしないわけにはいきません。それは大変なことではありますが、貢献感はたしかに持つことができます。ところが、親が知らないうちに子どもは大きくなっていきます。そして、親の力を借りなくても、たいていのことができるようになっているのに、親はそのことに気がつかないか気づきたくはないので、ある日、子どもの成長を目の当たりにした時に、本来喜ぶべきことのはずなのに、淋しい気持ちになってしまいます。このような自立こそが子育ての目標だったはずなのですが。

親は子どもの成長が素直に喜べず、子ども扱いしながら、他方で大人であれと支離滅裂なことをいいます。実績を示すことを要求することもあります。若い人たちには、そんな親の圧力をものともせず、自分の人生を歩んでほしいと思うので、子どものことで親が相談にこられる時、私は子どもの立場を支持して親の不興を買うことがあります。

日頃、親から束縛されていると不満をいう若い人が、どうしたら親孝行ができるかとよくたずねることに私はいつも驚きます。親に反抗している若い人でも、本当は親に反抗したくない、仲良くなりたいと思っているということを親に知ってほしいです。

親が子どもに無関心

質問　母は私に興味がなく、家に帰っても、学校のことやバイトのことなどを少しもたずねたりしてくれません。その代わり、私には自分の職場の悩みなどの話ばかりします。私は母の話を聞きますが、私の話も聞いてほしいのに、何も聞いてもらえません。どうしたらいいですか。

親には期待しないほうがいい

一つの考え方としては、いずれ親のもとから離れていくのですから、親には期待しないということです。私は、父が私のことに関心を持って、学校のことなどについてたずねてくれたかどうか、今、振り返ってみても思い出せません。

ところが、父は私のことにはあまり関心を持ってくれてはいないのだろうと思っていたのですが、大学入試が近づいた時、私が哲学を専攻しようとしていることを母から聞いたのでしょう、私に直接話すのではなく、母に私が哲学を専攻するのを止めさせるようにといったことを、これもまた父からではなく、母から伝え聞きました。私は父が哲学がどんな学問なのか何も知らないのに反対することを複雑な思いで受け止めましたが、それでも父が私のことにまったく無関心ではなかったことを知ったことは意味があることでした。

後に、父は私がいつまでも仕事に就かないことを非難しましたが、そんな父が私の書いた本を読んでいることを知った時は驚きました。父が私の書いた本を理解したのかどうかは今となってはわかりませんが、逆の立場なら、つまり私が父の立場なら、子どもが書いた本を読むことで、子どもが目下どんなことに関心があるのだろうかと関心を持ったと思うのです。

自分に対して関心をいっさい持たれないことはつらいことでしょう。親に自分について関心を持ってほしいのであれば、そのことを伝えるしかないと思います。何事も黙っていては伝わりません。話したところで親の態度は変わらないかもしれませんが、私に関心を持ってほしい、私の話も聞いてほしいと伝えてみてください。

親は、子どもがそんなふうに考えていたとは知らなかったということもありえます。親は自分がしていることに気づいていないものです。きょうだいがいれば、親は他の子どもには関心を持っているということもありえます。言葉遣いも含めて、子どもへの接し方に違いがあることはよく見られます。それでいて親はそのことに気づいていないのです。

親に自分に関心を持ってほしいと伝えることで、親が自分への態度を改め、今度は先の「門限」の例のように極端に振れ、過干渉になられても困りますが、まずは子どもが歩み寄るしかありません。

話せば誤解されることがあるので、黙っていようと考える人があります。また、感情的で攻撃的になるくらいなら黙っているほうが望ましいこともあります。しかし、長い目で見れば、対人関係を損なうことになります。なぜなら、黙っている人は何を考えているかわからないので、好感を持たれないことがあるからです。

また、黙っている人は自分がどうしたいかをいわないのですから、事態が自分が望まない方向へと進んでいくことを止めることはできません。そのようになってからどんなに文句をいっても遅すぎます。

人がテレパシーの力を持っていれば、何を感じ、考えているかは黙っていても通じるでしょうが、実際には決して通じません。それなのに、自分がたとえ黙っていても他の人は自分が何を考え、感じているかわかってくれて当然と思う人がいます。そのような人は、他の人の考えをその人が黙っていてもわかるべきだと、思いやりや気配りが大切だというのですが、同じことを他の人にも要求するので話は面倒なことになります。自分では何もいわないのに、私がどんなにつらい思いをしたかわからないのか、どんなに傷ついたかわからないのかといって他の人を責めるのです。

思いやりや気配りを重視する関係は対等とはいえません。相手が自分では何もいえないということを前提にしているからです。実際には、他の人はもしも主張したいことがあればいえるはずなのです。それなのに、そうすることができないと見なしているとすれば、失礼なことといわなければなりません。

他の人がどう感じ、何を思っているかを知る努力をまわりはするべきでしょうし、人を傷つけるようなことをいわないように努めるべきであるというのは本当です。しかし知らずして人を傷つけるということはあります。その時は黙っていないで自分の気持ちを伝えなければ、相手は知ることはできませんし、相手に知らせないままに相手を断罪するというのはあまり賢明な方法だとは思いません。

もしも母親に自分の気持ちを伝えていないというのであれば、私の話も聞いてほしい、私に関心を持ってほしいと伝えてほしいです。

これまでも何度も伝えていて、それにもかかわらず親が態度を変えないというのであれば、伝え方に改善の余地があるかもしれません。親のほうにどれほど非があったとしても、反抗的になることでは、思いを伝えることはできません。たとえそのことで相手に思いが伝わっても、権力争いになってしまい、どんなことがあっても親は自分の非を認めようとはしません。認めれば負けになってしまうからです。

このように自分が正しいことを相手に認めさせることをねらったいい方をすることはやめましょう。このケースでは、あなたは母親に話を聞いてほしいでしょうが、その気持ちは母親も同じでしょう。一般的にいえば、自分の権利を認めてほしいのであれば、相手にもそれを認める必要があります。

話を聞いてもらえるためには少し工夫がいります。「疲れてると思うけど、少し話を聞いてくれたらうれしいんだけど（話を聞いてくれないかな）」というふうに、相手が断れる余地を残して、仮定文や疑問文を使って話しかけるのです。断られたら、「また今度」と引き下がるのがいいでしょう。

ところで「親は私に興味がなく」ということですが、本当に興味がないのでしょうか。子どもに興味、関心がない親は子どもに話しかけるということすらしないと思うのです。たしかに親が自分のことしか話さないというのは困ったことですが、カウンセラーはいつも相談にこられる人の話を聞くばかりです。話をする時、誰でもいいから聞いてほしいというわけではないと思うのです。最後まできちんと批判しないで聞いてもらえると信頼されているから、話をされているのです。

自立へ向けての勇気

私たちに必要なのは勇気です。子どもの立場で親と接する時、いくつになっても子どもが変わるしかないのです。「いい子」であろうとする必要はありません。親の期待に添えなくてもいいのです。よきにつけ悪しきにつけ、子どもにとって親は大きな存在ですが、親から自立し、自由に生きてほしいのです。親がどう思おうと、子どもは自分の人生を生きるしかありません。

私は、依存したり、甘えていたという意味ではなく、父という大きな存在を前にしていつまでも自分を正直に出すことができませんでした。母の病床に長く付き添っていたのに、母の最期を看取れず、母と共に家に帰りました。父が後でいってましたが、私が母の後を追って死ぬのではないかと思ったそうです。その時、私はそれくらい憔悴《しょうすい》していたのです。

その時、私がもしも、父に「悪いけど、しんどいから入院する」とか、あるいは、「葬式には出たくない、一人にさせてくれ」といったら、きっと通ったと思うのです。ところが、親が死んでも平気だという自分を皆に見てもらうべきだと思ったのです。ですから、葬式には出ました。しかし、私は少しも泣きませんでした。本当は悲しかったのです。それなのに、人前でそういう自分を出してはいけないと思いました。他の人にどう見えるかということばかり気にして、ありのままの本当の自分を受け入れることができませんでした。長所だけではなく、弱い自分をも受け入れることができなければ、ありのままの自分を受け入れたことにはなりません。

十年くらい経った時に夢を見ました。夢の中で目が醒めます。起きた時、家の中が薄暗いのでもう夜明けなのだろうか、それとも夕方なのだろうかと思っていると、しばらくして隣の部屋から声が聞こえてきます。父の声です。そうだった、今日は母の葬式だったんだ。父のいる部屋に行くと、父が「あ、起きてきたか」といいます。夢の中で、母の葬式はもう終わっていました。私が出ないままに。

父親が私にいいます。「そろそろお母さんの骨が焼き上がってると思うから取りに行ってくれないか」。私はそれくらいだったらできると思って「わかった。行く」といいました。こんな夢です。

これは私にとって重要な、意味のある夢でした。私は、夢の中では母の葬式に出ていないのです。私は現実とは違って、父に「葬式に出ない」といったのでしょう。やっと、私は葬式に出たくないとか、出ないといえる自分を認めることができたのでした。これが私が親から自立できた時でした。十年もかかりました。よく見ていた母の夢も見なくなりました。

あとがき

本書の企画の話があった時、私が最初に思い浮かんだのが、精神科医の頼藤和寛氏の『定本　頼藤和寛の人生応援団』（産経新聞ニュースサービス）でした。新聞紙上で長く続けておられた人生相談をまとめた本です。歯に衣着せぬ、しかしそれでいてユーモアに溢れた回答はどれもおもしろく、いつか私もどんな難問にも的確な回答ができるように研鑽と人生経験を積みたいと思いました。

今回、あらためてこの本を手にして驚きました。頼藤氏はがんのため五十三歳で亡くなられたのですが、私はすでにその年齢を超えていたのでした。

以前、私がカウンセリングをしていた人の中に福山雅治によく似た若い人がいました。ある日のカウンセリングの時に、最初は親密な関係を保っていた男女の関係がどんなふうに破綻していくかを微に入り細にわたって話していたところ、話が途切れたところで、ふと彼が呟いたのでした。

「先生もずいぶんと人生の修羅場をかいくぐってこられたのですね」

その時は、不意打ちを食らったように感じましたが、十年以上経った今なら「やはりわかりますか」といえるでしょう。

もちろん、これは冗談で、この間、死の淵から生還するような経験もしましたが、波瀾万丈の人生を送ってきたわけではありませんし、経験がなければカウンセリングができないのであれば、私には何も語る資格がないことになってしまいます。

たしかに、子育てについて、大学院で「研究」してこんなことが明らかになったと書いてあるような論文などを目にすると、子どもと何年か暮らさないと見えてこないことがあるだろうと思ってしまいます。

しかし、それでは、子育ての経験があれば、最初は試行錯誤しても何年か後には子育てについてしかるべき知識を得て、子どもとよい関係を築けるかといえばそうではありません。それなら子育てで困る人はいないでしょう。

また、もしも人が年を重ね経験を積むことで必ず賢くなれるのであれば、子どもは年老いた親との関係で困ることはないでしょう。

ただ経験するだけでは学ぶことはできず、さりとて地に足が着かない知識は力にはならないのです。

アドラーは、経験のない治療者が「あなたには共同体感覚がない」とか「あなたには劣等感がある」などのいい方をして患者に講義するのは有害だといっています。個々のケースはどれも同じではないのに、杓子定規に解釈することを戒めているわけですが、そうすることで、相談者も、治療者の一言ですべて問題が解決するかのように思ってしまうこともあります。

そこで、このようなアドラーの注意を念頭に置いたうえで、私は本書で、多くの人生相談のように、読んでも結局どうしていいかわからないというようなものではなく、明快な生きる指針を伝えることを目指しました。行き当たりばったりに問題を解こうとしてもいよいよ錯綜することになりますが、この指針によれば時間はかかっても最後には問題を解決できます。

その指針とは、「今ここに（right here and right now）生きよう。するべきことやしたいことがあっても、できることから始めよう」というシンプルなものです。

本書を読んでアドラー心理学に関心を持ち、理論的なこともきちんと押さえたいと思われた方は、拙著『アドラー心理学入門　よりよい人間関係のために』『アドラー心理学　シンプルな幸福論』（以上、KKベストセラーズ）、『アドラー　人生を生き抜く心理学』（NHK出版）も読んでくださったらうれしいです。

編集していただく著書がこれで三冊目になる寺口雅彦さんには今回もお世話になりました。ありがとうございました。

二〇一〇年七月十九日

岸見一郎

Chuko Shinsho
La Clef

中公新書ラクレ　363

困《こま》った時《とき》のアドラー心理学《しんりがく》

2010年9月10日初版
2015年8月25日6版

岸見一郎《きしみいちろう》著

発行者　大橋善光
発行所　中央公論新社
〒100-8152
東京都千代田区大手町1-7-1
電話　販売 03-5299-1730
編集 03-5299-1870
URL http://www.chuko.co.jp/

本文印刷　三晃印刷
カバー印刷　大熊整美堂
製本　小泉製本

定価はカバーに表示してあります。
落丁本・乱丁本はお手数ですが小社販売部宛にお送りください。送料小社負担にてお取り替えいたします。

Published by CHUOKORON-SHINSHA, INC.
Printed in Japan

ISBN978-4-12-150363-3 C1211

中公新書ラクレ刊行のことば

世界と日本は大きな地殻変動の中で21世紀を迎えました。時代や社会はどう移り変わるのか。人はどう思索し、行動するのか。答えが容易に見つからない問いは増えるばかりです。1962年、中公新書創刊にあたって、わたしたちは「事実のみの持つ無条件の説得力を発揮させること」を自らに課しました。今わたしたちは、中公新書の新しいシリーズ「中公新書ラクレ」において、この原点を再確認するとともに、時代が直面している課題に正面から答えます。「中公新書ラクレ」は小社が19世紀、20世紀という二つの世紀をまたいで培ってきた本づくりの伝統を基盤に、多様なジャーナリズムの手法と精神を触媒にして、より逞しい知を導く「鍵《ラ・クレ》」となるべく努力します。

2001年3月